古文课

《古文观止》选讲

肖能 著

复旦大学出版社

目 录

自序 ································· 1

第一讲 《召公谏厉王弭谤》 ················· 001

第二讲 《襄王不许请隧》 ··················· 009

第三讲 《郑伯克段于鄢》 ··················· 017

第四讲 《烛之武退秦师》 ··················· 027

第五讲 《邹忌讽齐王纳谏》 ················· 036

第六讲 《触龙说赵太后》 ··················· 044

第七讲 《〈项羽本纪〉赞》 ················· 054

第八讲 《〈孔子世家〉赞》 ················· 062

第九讲 《管仲列传》 ······················· 068

第十讲 《诫兄子严敦书》 ··················· 075

第十一讲 《出师表》 ······················· 082

第十二讲 《归去来兮辞》 ··················· 092

第十三讲 《马说》 ························· 102

第十四讲 《送董邵南序》 ··················· 108

第十五讲 《种树郭橐驼传》 ················· 115

第十六讲 《桐叶封弟辨》 ··················· 123

第十七讲 《始得西山宴游记》……………………………… 130

第十八讲 《纵囚论》…………………………………………… 138

第十九讲 《五代史伶官传序》………………………………… 146

第二十讲 《读〈孟尝君传〉》………………………………… 153

第二十一讲 《留侯论》………………………………………… 158

第二十二讲 《前赤壁赋》……………………………………… 168

第二十三讲 《方山子传》……………………………………… 178

第二十四讲 《书〈洛阳名园记〉后》………………………… 188

自　序

　　本书是本讲古文的小书，主要面向中、大学生群体以及一般的古文爱好者。

　　自从五四新文化运动后，古文已逐渐从中国人的日常生活中消失了，除了中学语文课本外，很多人基本上再无接触、了解古文，所以对古文较为隔膜。我们今天所讲的古文，其实有狭义和广义之分。广义的古文，是指用文言文写作的文章；狭义的古文，则是指秦汉时代流行的散文，有别于魏晋以来兴起的骈文。唐代中期韩愈和柳宗元反对高度形式化并崇尚辞藻的骈文，于是发起和领导了古文运动，以变革文体，号召回归类似秦汉的散文写作风格；又经过宋代欧阳修等人的持续努力，这一意义上的古文遂成文章的主流和正宗。

　　在古文盛行的年代里，诞生了众多古文选本，其中最著名的要数清代康熙年间吴楚材、吴调侯编的《古文观止》。该书依照时代编次，选录了自先秦以至明代的二百多篇名文佳章，这些文章大多经受了时间的淘洗而传诵不绝。因此自问世后，该书便流行开来，直至今天仍然在社会上拥有广泛的知名度。当然，从今人的眼光来看，"古文观止"的大名未免言过其实，该书对文章的编选标准还可重新讨论和商榷；但从古至今，又有哪一个文章选本能做到尽善尽美而不留遗憾呢？作为一本供初学者学习古文的入门级教材，《古文观止》还是相当不错的。

不过问题就此来了：古文毕竟是古典的东西，离我们现代人的现代生活实在太遥远，还有必要花力气学习吗？抛开传统文化的复兴、弘扬等宏大意义，对普通人，特别是对课业繁重、升学压力或就业压力极大的学生群体，其价值又何在？

我以为，至少有两个方面或值得考虑：

一是打底子。人是文化的存在物，文化在历史中形成，如果抽去了历史，人就无根无柢。学习古文，就是进入历史世界的一个门径，借此可以打好文化根柢。例如，诸葛亮的《出师表》论性质尽管是公文，绝非板着面孔、拿腔捏调的官样文章，全文言辞诚挚、恳切，传达的是抱有强烈忧患意识的老臣谋国的苦心和忠心；陶渊明的《归去来辞》，传达的是中国文化中高人雅士所特有的淡泊胸襟以及顺其自然、欣于所遇的人生观；苏东坡的《前赤壁赋》，传达的则是贤人君子们洒脱、旷达的精神。多读并仔细体会、玩味诸如此类的文章，与一个民族的文化精英们经常遭遇、沟通，自能砥砺思想，滋润心灵，涵育品性，培养情趣。如果有较为厚实的文化根柢，一个人至少不会那么浅薄、庸俗、褊狭和乏味吧。

二是锻炼写作能力。据新闻报道，最近清华大学决定面向全校2018级本科新生开设公共必修课《写作与沟通》，据说是针对大学生写作表达能力退化的现状而有的放矢。写作与表达本是人的最基础的能力之一，理应不分专业，为一般学生所牢固掌握和娴熟运用，而在我们的顶级大学里，居然成为问题，以清华学生资质之佳，都还令有识之士忧心，更何况其余！大学生写作能力普遍下降，又可追溯到基础教育在这方面的相对缺位。一个众所周知的事实是，现今基础教育以应试为导向，更多的是注重解题，对写作能力的从容、系统培养并非重心所在，这不免造成中学生们的训练不到位，基础不牢。问题就这样一级级地往后推，即使大学毕业，很多人还不懂得准确地表达观点，得体地辩论，优雅地抒发情感，思想贫乏，语言空洞，逻辑不通。从小处说，这不利于个人的发展；从大处着眼，在日益拥挤、嘈杂的公共空间中，这一因素将降低人们社会交往的理性、文明程度。所以，在求学生涯多读点古文，感受经典的魅力，领略汉语的精美，积累丰富的语言材料，掌握多样的表达技巧，无疑极有必要。

基于以上两点，《古文观止》一书在今天仍有很大的存在价值。《古文观止》虽说是本入门的古文教材，但对今天的学生以及非专业的古文爱好者来说，其分量还是很重的。所以本书从两百多篇文章中选择了二十四篇，唐以前和以后各十二篇。至于文章的取舍，并没有特别的用意，大致遵循如下简单原则：一是篇幅短小，最短的《读〈孟尝君传〉》仅四句话，一百个字左右，较长的《触龙说赵太后》和《留侯论》也就七百字左右；二是文体均衡，所选的文章包括传、书、表、辞、赋、序、说、记、论等，目的是使读者大略认识古代诸常见文体以及不同文体的写作规范；三是内容浅豁，不选带有训教意味、卫道气息的艰涩文章。

本书正文包括原文、解题、讲疏及简评四个部分。原文采用《古文观止》通行版本；解题部分是对文章作者、写作背景或文体规范所做的简单解释；讲疏部分是重点，效法古书章句的形式，对文章逐句精讲，根据情况，或注释字词，或串讲句意，或揣摩文心，或赏析内容，或梳理脉络；最后的简评部分，则总括大意，评点精义。

谈起本书的由来，并非出于一时的心血来潮。多年前我在上海攻读古代文学的博士学位。那个时候，博士生的补助很微薄，靠这点寒碜的收入要在魔都里生活大不易，因而境况窘迫；机缘巧合，有朋友正办语文培训班，急缺师资，于是过去代课。这位朋友精明干练，性格坚忍，精力充沛，创业之初，遭遇诸多一言难尽的苦楚，极端情况下甚至已准备放弃，所幸都被他挺过来，终于步入正轨。上海是中国教育最发达的地区，精英学生数不胜数。自口碑传开后，许多家长领子女慕名而来。身为任课教师，我也接触到不少资质极佳的中学生。从他们口中得知，"一怕周树人，二怕文言文，三怕作文"，是沪上学生的普遍心声。有鉴于此，我们开设了《古文观止与作文》这门课程，把《古文观止》和作文结合起来，最开始由我来主讲，断断续续上了两三年的课。本书就是在其时讲义的基础上扩充而成。当年的学生中有几个还联系着，有的研究生毕业后成家，已为人父母；有的在海外拿到学位后留下工作，闲暇则行于世界各地，享受漫游的乐趣。遥想当日共习古文时，讲台下的他们还是富于灵气而又显青涩的学生，如今均成芝兰玉树。抚今追昔，不能不感怀。

第一讲
《召公谏厉王弭谤》
——《国语·周语》

厉王虐，国人谤王。召公告曰："民不堪命矣！"王怒，得卫巫，使监谤者。以告，则杀之。国人莫敢言，道路以目。王喜，告召公曰："吾能弭谤矣，乃不敢言。"

召公曰："是障之也。防民之口，甚于防川。川壅而溃，伤人必多。民亦如之。是故为川者决之使导，为民者宣之使言。

故天子听政，使公卿至于列士献诗，瞽献曲，史献书，师箴，瞍赋，矇诵，百工谏，庶人传语，近臣尽规，亲戚补察，瞽、史教诲，耆、艾修之，而后王斟酌焉，是以事行而不悖。

民之有口也，犹土之有山川也，财用于是乎出；犹其原隰之有衍沃也，衣食于是乎生。口之宣言也，善败于是乎兴。行善而备败，其所以阜财用衣食者也。夫民虑之于心而宣之于口，成而行之，胡可壅也？若壅其口，其与能几何？"

王不听，于是国人莫敢出言。三年，乃流王于彘。

【解题】

《召公谏厉王止谤》选自《国语》。《国语》是一部国别体的史书,相传是春秋时历史学家左丘明所著,分周、鲁、齐、晋、郑、楚、吴、越等八国,记载了从西周中期到春秋末期大约五百多年的历史。《国语》既以"语"为名,顾名思义,该书是以人物言论的记叙为中心。周厉王是西周末年的君王,以残暴著称,召公是厉王的一位大臣。本文主要写召公劝谏厉王应如何对待和平息国人对他的非议。

【讲疏】

厉王虐,国人谤王。召公告曰:"民不堪命矣!"王怒,得卫巫,使监谤者。以告,则杀之。国人莫敢言,道路以目。

周厉王很暴虐,国人因此在背后说厉王的坏话,也就是发泄不满,发牢骚。"**国人**",都城以内的平民称为"国人",都城以外的称为"野人"。周厉王执政趋向于严酷的风格,管得很死,不近人情,所以国人发发牢骚也很正常,此乃古今之同义。有时候,牢骚也有积极作用,可以宣泄心情,不使郁结于心。但厉王显然不这样认为。大臣召公把国人的不满告诉厉王,说国人不能忍受君命了,其意是促使厉王警觉,敬畏民意,转变作风,调整政策,以平民愤;但厉王的第一反应不是自我反省,而是"**怒**"。厉王生气了,后果很严重。他从卫国找来一个巫师,用来监督诽谤者。周厉王的时代,巫风还比较盛行。巫,是沟通人、神的中介者,一般被认为有特异能力。大概周厉王想当然地认为,只要有这样神异的巫师暗中监督,诽谤者必将无所遁形。"**以告,则杀之**",凡是被巫师告发在背后议论厉王的国人,都被杀掉。于此可见厉王的凶残、暴虐。厉王以强力的镇压来坚决回应国人对他的谤议,看来他是要把这股不敬君王的"歪风邪气"彻底挡回去。在如此恐怖的氛围中,国人选择暂时隐忍、妥协。"**国人莫敢谤王,道路以目**。"国人没有像以前那样明目张胆地指点厉王的是是非非,文章在这里用了一个细节——"**道路以目**"——渲染国人噤若寒蝉的气氛。走在路上,人们连招呼也不敢随便打,只是使眼色。这个细节很具有典型性,足以传达国人被威吓后敢怒不敢言的心态。无疑,这也是个形势将要发生巨变的信号,"于无声处听惊雷",沉默往往是爆发的前奏。

王喜,告召公曰:"吾能弭谤矣,乃不敢言。"

厉王自以为把局面控制住了,很高兴——前面说厉王得到召公的汇报,第一反应是"**怒**",现在他自以为封住了国人的嘴巴,当下反应是"**喜**",一怒一喜,非常直接,非常简单,非常粗暴,也非常传神,像厉王这样凶残的专制者大多是此种性格。厉王于是告诉召公:"我能消除诽谤了,再也不敢说话了。""**弭**",是消除的意思。读到这句话,我们似乎看到了厉王在召公面前那洋洋自以为得计的神态,好像在说:"你不是告诉我国人都在诽谤我吗?你太杞人忧天了。看,我多有本事,一下子就整得他们不敢说话。所谓民意,根本无须紧张、在意的。"

看到厉王完全不上路,知道问题严重性的召公觉得这下必须把道理给他讲透了,不能再像起初那样点到为止,期待厉王的自悟。召公的做法是"辨名析理",即把什么是"**弭**"从道理上讲清楚、说明白;为此又必须把"**弭**"和类似于它的"**障**"作对比,以免误解,混淆是非。

召公曰:"是障之也。防民之口,甚于防川。川壅而溃,伤人必多。民亦如之。是故为川者决之使导,为民者宣之使言。"

召公说:你这种做法叫作"**障**",就是堵嘴,是把国人的嘴巴堵上而已。接着又谈到障、堵嘴的危害性。"**防民之口,甚于防川**",堵住人的嘴巴所造成的危害,比堵住川流所造成的水患,后果还要严重得多。

中国人讲道理,不大喜欢用严谨的逻辑思维进行深入、细致的概念推演,而喜欢打比方、"就近取譬",即用身边切己的、熟悉的事物类比,使人一目了然,直接领会。农业民族对水利有真切的认识和体会,所以召公以"防水"为例,表明"**障**"的做法后患无穷。河流被强行堵塞,万一堵不住,势必冲溃堤防,一泻千里,伤人必多。"**壅**"是堵塞的意思。人民也是这样子的。所以治理水患,其原则是开决河道,使洪水得以宣导;同理,管理人民,其原则是开放言路,使民意得以畅通。

故天子听政,使公卿至于列士献诗,瞽献曲,史献书,师箴,瞍赋,矇诵,百工谏,庶人传语,近臣尽规,亲戚补察,瞽、史教诲,耆、艾修之,而后王斟酌焉,是以事行而不悖。

召公继续解释。

所以理想中的天子处理政务,其原则是令所有的人都有合适的机会说话,发表意见。具体来说,从公卿这样高阶官员到一般的士人,都要献诗。古人把"诗"视作民意民心的反映。献诗,就是贡献民意。"瞽献曲","瞽"（gǔ），是盲人，目盲者耳聪，古代惯用盲人作政府的乐官。乐官也有进言的责任，他要献曲，用乐曲来提意见。"史献书"，史是史官。史官掌管政府的文书档案，对历史掌故熟悉，所以要为君王献上有关历史兴亡的书。"师箴"，"师"是少师，乐官的一种；"箴"，是带有规劝性质的文体。师要进献规劝君王箴言。"瞍赋，矇诵"，"瞍"（sǒu），是没有眼珠的盲人，"不歌而诵谓之赋"；"矇"（méng），是有眼珠的盲人。瞍和矇都是乐官，他们均要以诵读的形式表达意见。"百工谏，庶人传语"，"百工"是周代官职，主管营建事务，他们要劝谏。"庶人"是平民，平民少有机会接近天子，所以他们要传话。"近臣尽规，亲戚补察"，至于天子身边的近臣以及关系亲密的亲戚，更要尽规劝之职，以及随时提请天子补漏察失。"瞽、史教诲"，乐官和史官，提供教诲。"耆、艾修之"，"耆"（qí），年满六十；"艾"，年满五十。耆、艾是长者，他们经验丰富，为君王的师傅，要修饰、整理诸人的进言。"而后王斟酌焉，是以事行而不悖"，然后君王仔细斟酌，所以事情才行得通，而不颠倒错乱。

总之，召公的这段话详细说明了什么叫作"**为民者宣之使言**"：英明的君王不仅有容纳逆耳之言的雅量，进一步还形成制度，尽可能让各职位、各阶层的人借助各自条件、机会来贡献意见。听取的意见越多，集中汇总，分析斟酌，政策才能制定得妥当，事情才能行得通。也就是说，"宣之使言"才是真正的"弭谤"，像厉王的做法，那是"障谤"。

民之有口也，犹土之有山川也，财用于是乎出；犹其原隰之有衍沃也，衣食于是乎生。口之宣言也，善败于是乎兴。行善而备败，其所以阜财用衣食者也。夫民虑之于心而宣之于口，成而行之，胡可壅也？若壅其口，其与能几何？

紧接着，召公换了一个角度，谈鼓励人民说话的好处以及钳制言路的坏处。他继续打比方，作类比。他说：人民有口，就好像土地上有山丘和川流。国家的财富用度都由此而来；就好像平原湿地上有良田，衣食之类的生存资料都从这里产出。"**原隰**"，"**原**"是平地，"**隰**"（xí）是湿地；"**衍沃**"，是平整的良田美地。在农业民族的视野里，吃的、穿的、用的等生活资料都来于土地，土地直接关系到人的生存。所以，不是祸从口出，而是福、是利从口出，要珍惜、善待人民的意见，尽量让人开口。

"**口之宣言也，善败于是乎兴**"，人民开口，国事的成败就可以流露出来了。"**兴**"，是表露的意思。"**行善而备败，其所以阜财用衣食者也**"，君王充分了解到民意，推行人民都期许的，防备可能败坏国事的，这就能增殖社会财富，人民足以衣食无忧了。"**阜**"，有增殖的意思。

夫民虑之于心而宣之于口，成而行之，胡可壅也？若壅其口，其与能几何？

召公再退一步讲：人民内心有所思虑，口里表达出来，如果认为可成，就去推行（言外之意，如果认为没什么价值，不成事，大可置之不理），怎么可以堵他们的嘴呢？"**胡**"，疑问副词，怎么。如果强行堵住他们的嘴巴，又能堵多久？话说到这里，召公戛然而止，但意思很清楚了，不在沉默中灭亡，就在沉默在爆发。钳制言路，禁止人民发声，人民也许隐忍一时，但终究会爆发，就像洪水决堤一样，后果不可收拾，也不可想象。

王不听，于是国人莫敢出言。三年，乃流王于彘。

果不其然，厉王刚愎自用，无视召公的规劝和警告，把人民的隐忍当成是害怕，把人民明面上的不发声当成是真实的止谤。三年之后，国人起义，把厉王流放到彘这个地方去了。

【简评】

《国语》以记言为主，像本文中召公所言的"防民之口甚于防川"，即使放到今天，仍然是适用的，这个道理有超越时代的价值。不过，召公的立论，主要是基于防民之口的后果，并把民意作为治国理政的宝贵财富，这体现了召公的雅量、善意和卓识。我们今天看待他的这段言论，除了懂得堵塞民意的严重后果之外，与此同时还须具备今人的眼光：公民对公共事务的发言，乃是一项基本权利，应受尊重和保护。

此外，召公的言论还给我们的启示是，我们要学会清晰地定义社会现象的性质。在日常生活中，我们常常有意无意地陷入对某些社会现象似是而非的定义中。譬如，用高压手段禁止人民议政，在厉王看来这叫"弭谤"，而在召公看来此为"障谤"。像这样认知的相互"错位"在人类社会生活中是比较普遍的。父亲揍调皮的儿子，不满者说是"体罚"，父亲会自我辩护不打不成材，此乃行之有效的"教育"方式；同样是打开古墓，合法的叫"考古"，不法的就是"盗墓"；人民拿起武器反抗暴政，在统治者看来这分明是"造反"，而在人民看来则是"起义"；大国制定规则，主导国际秩序，在大国看来这是"维护和平",而在不甘被压制的国家看来不过是"霸权主义"。所以,我们要看到在对社会现象、行为进行定义的背后,其实都隐藏着各自特定的视角和立场。

第二讲
《襄王不许请隧》
——《国语·周语》

  晋文公既定襄王于郏，王劳之以地，辞，请隧焉。

  王不许，曰："昔我先王之有天下也，规方千里，以为甸服，以供上帝山川百神之祀，以备百姓兆民之用，以待不庭、不虞之患。其余，以均分公、侯、伯、子、男，使各有宁宇，以顺及天地，无逢其灾害。

  先王岂有赖焉？内官不过九御，外官不过九品，足以供给神祇而已，岂敢厌纵其耳目心腹，以乱百度？亦唯是死生之服物采章，以临长百姓而轻重布之，王何异之有？

  今天降祸灾于周室，余一人仅亦守府，又不佞以勤叔父，而班先王之大物以赏私德，其叔父实应且憎，以非余一人，余一人岂敢有爱也？

  先民有言曰：'改玉改行。'叔父若能光裕大德，更姓改物，以创制天下，自显庸也。而缩取备物，以镇抚百姓，余一人其流辟于裔土，何辞之有与？若由是姬姓也，尚将列为公侯，以复先王之职，大物其未可改也。

  叔父其懋昭明德，物将自至，余何敢以私劳变前之大章，以忝天下，其若先王与百姓何？何政令之为也？若不然，叔父有地而隧焉，余安能知之？"

文公遂不敢请，受地而还。

【解题】

周室东迁后，周王的权威逐渐丧失，诸侯趁势坐大，周天子和诸侯的关系微妙起来。本文的主角周襄王与异母弟叔带争王位，在晋文公的支持和助力下，襄王取得了最终胜利。晋文公邀功，谢绝周襄王犒劳的土地，而请求为天子所专用的隧礼，襄王不乐意，于是就有了这篇绝妙的说辞。

【讲疏】

晋文公既定襄王于郏，王劳之以地，辞，请隧焉。

"郏"（jiá），周地名，在今河南洛阳西。晋文公出兵助襄王在郏地复登王位，周襄王拿土地来犒劳。晋文公推辞，请求死后能以天子的隧礼下葬。"隧"，在地底挖墓道，是专属于天子的葬礼；晋文公仅仅是诸侯，没资格享用的。

王不许，曰："昔我先王之有天下也，规方千里，以为甸服，以供上帝山川百神之祀，以备百姓兆民之用，以待不庭、不虞之患。其余，以均分公、侯、伯、子、男，使各有宁宇，以顺及天地，无逢其灾害。

襄王不答应，说：当初我们周先王拥有天下，规划国都外方圆千里的土地作为甸服，以供上帝山川诸神的祭祀，以备百官人民的用度，以防不来朝贡以及意外的祸患。其余的土地，用来均分给公、侯、伯、子、男等诸侯，使他们各自都有安宁的居处，以顺应天地，不至遭逢灾害。"**甸服**"，指王畿之地，乃周天子直接统辖的区域。"**百姓**"，百官。"**不庭**"，不来朝拜；按周代制度，诸侯有向天子朝觐纳贡以及救济畿内灾害的义务。"**公、侯、伯、子、男**"，是周代封建诸侯的五等爵位。

周襄王首先从周代立国的基本制度说起，讲明当初先王创立制度的用意。周王直接统辖的地域有限，只是用这点田赋来祭祀上帝山川以及诸神灵，这是宗教事务方面的花费，祭祀在当时可是最重大的两类国家要务之一，所谓"国之大事，在祀与戎"；再就是用于百官和人民，这是行政事务方面的花费，维持一个政权是要有成本的；最后就是防止出现诸侯不来朝贡及种种意外的祸患等，这是应对不时之需。周天子号称是全天下的共主，"溥天之下莫非王土，率土之滨莫非王臣"，他自己仅仅直辖小块土地，也不过是出于上面所排比、列举的三个考虑；而剩下的广土众民，则全分封给各诸侯国。周襄王的意思很明显：天子尽管拥有整个天下，但绝不垄断天下的利源；相反，大头都拿出来分封诸侯。

先王岂有赖焉？内官不过九御，外官不过九品，足以供给神祇而已，岂敢厌纵其耳目心腹，以乱百度？亦唯是死生之服物采章，以临长百姓而轻重布之，王何异之有？

既是如此，那么先王哪有什么利益？内官只不过九嫔，外官只不过九卿，足够供奉神灵而已，哪敢满足和放纵自己的声色嗜好，而破坏国家各种法度？也就是这些死后和活着时的衣服器物上的色彩花纹，用来监临、管理百姓，从而显出示尊卑贵贱的差别。除此之外，天子与诸侯百姓还有什么不同呢？"**赖**"，利。"**祇**"（qí），地神。"**百度**"，国家的各类制度。"**服物采章**"，衣服、器物上的种种色彩、花纹。这些东西都是用来标识身份、地位和等级。"**轻重**"，尊卑贵贱的差别。

有了上面的铺垫，周襄王便以反问来强调：周天子相比诸侯，并未掌握多少土地资源，享有多大的利益。"**内官不过九御，外官不过九品，足以供给神祇而已，岂敢厌纵其耳目心腹，以乱百度**"，两个"**不过**"，一个"**而已**"，一个"**岂敢**"，语气极尽张弛吞吐之势，意在表明天子之为天子的道理不在这个地方。盘旋蓄势这多，终于落地——"**亦唯是死生之服物采章，以临长百姓而轻重布之，王何异之有**"，也就是包括隧礼在内的衣服器物及其上的色彩花纹之类的东西，才是天子统御百官，显示其身份和权威的标识，否则天子就不成其为天子了。我们可以举出个近似的例子来帮助说明这一点：人民解放军在上世纪60年代取消了军衔，军官和普通士兵在军装上没有差别，一律佩戴红色五角星。平时没发现什么问题，战时就显现出来了，也就是用军装来表现军衔等级的重要性就出来了。1979年对越南的自卫反击战中，据说有次部队行军途中出现混乱局面，有高级军官挺身而出，站在高处喊话，亮明身份，要求恢复秩序。但大家都不听，因为没人认识他，从他军装上也看不出他的级别，由此不认可他有权力指挥。

周襄王用土地和"**服物采章**"对比，指出周先王之所以不重土地，而重"**服物采章**"，就在于唯有后者才能彰显天子独一无二的至尊地位。隧礼所从属的"**服物采章**"之意义如此重大,当然不能轻易赐予。

今天降祸灾于周室,余一人仅亦守府,又不佞以勤叔父,而班先王之大物以赏私德,其叔父实应且憎,以非余一人,余一人岂敢有爱也?

讲明隧礼的重大意义后,周襄王再把话题转到晋文公的请求上:现在上天降祸灾给我们周王室,我仅是个为先王看守府库的人,又没有才能,劳烦了叔父,而如果把先王至为看重的大物、隧礼用来酬谢叔父对我个人的恩德,在叔父实应憎恶,以责我不对,我哪敢有吝惜呢?

"**天降祸灾**",指周襄王与弟弟叔带争位的事;周人信仰"**天**",把人间的灾祸归为上天的降罪。"**余一人**",周襄王的自称。"**不佞**",不才。"**叔父**",晋国与周王室同为姬姓,周天子统称同姓诸侯国的国君为叔父。

周襄王的这段话非常厉害。他自谦不才,所以要劳烦晋文公才得以复位,晋文公的帮助是对他个人的"**私德**",既是"**私德**",当然不能用国家的"**公器**"来酬谢。更重要的是,他转以晋文公的立场来要求晋文公:不是他小气,不是他不给隧礼,即使给了,对这非分的"**大物**",晋文公自己也不能接受;不但不能接受,还要憎恶他,还要惶恐他给。

先民有言曰:'改玉改行。'叔父若能光裕大德,更姓改物,以创制天下,自显庸也。而缩取备物,以镇抚百姓,余一人其流辟于裔土,何辞之有与?若由是姬姓也,尚将列为公侯,以复先王之职,大物其未可改也。

周襄王又换了一个角度,引用先民的格言"**改玉改行**":当时贵族们身上佩玉,身份不同,佩玉有异。也就是说,佩玉改变,象征身份的同步改变。周襄王说,叔父你如果光大自己的德行,改朝换代,自创制度,显示自己的功绩,采用天子的礼仪来镇定和安抚百姓,他本人即便被流放到荒远的地方,有什么话可说呢?如果天下还是姬姓的,晋文公也还列为诸侯,复守先王定下的职分,那么隧礼是不可更改的。"**更姓改物**",指改朝换代;古代是家天下,姓氏更改,自然意味着朝代变了,制度亦随之而换。"**显庸**",显示功绩;"**庸**",用。"**姬姓**",即周的天下,周是姬姓。

这里周襄王表面上依旧委婉陈词,实际上语挟锋芒,凌厉无比。"**光裕大德,更姓改物**",是客气的说法,实指晋文公的实力如果强到让天下人服气、大到能改朝换代的地步,自己来做天子,别说隧礼,但凡归天子所有的礼仪全可享用,那个时候他本人被流放都只有接受。而如果晋文公不敢跨出改朝换代这一步,还是周朝的臣子,就安分守己吧,不要动那不该动的心思。

叔父其懋昭明德,物将自至,余何敢以私劳变前之大章,以忝天下,其若先王与百姓何?何政令之为也?若不然,叔父有地而隧焉,余安能知之?"

有趣的是,周襄王继续敲打:叔父如果更加发扬光明的德行,隧礼必将自行到来的,我哪敢因这私人的酬劳改变先王的典章制度,使我蒙羞于天下？这将置先王和百姓于何地呢？我又该如何行政施令呢？如果不这样，叔父在自己的土地上自行隧礼，我又怎么能知道？

周襄王的意思是：叔父你有本事当天子的话，隧礼自然而然会有的，不用我给。在我，是不敢冒着违背祖制的风险来酬谢恩德的，否则，没脸面对先王百姓，就是发号施令也名不正言不顺了。要不然，叔父你在你的晋国自己用上隧礼，我是一点办法也没有的。

文公遂不敢请，受地而还。

话说到这分上，晋文公自然不敢再要求了，老老实实接受土地回去。

【简评】

本文之妙，在于周襄王拒绝的艺术，很好地把晋文公的非分之求挡了回去。

中国古代政治的架构，等级森严，等级通过名分来确立，而名分又以器物来体现。简言之，不同级别的人有不同待遇。这些待遇，不仅仅是物质享受那么简单，更为关键的，它们承载、支撑着宏大而庄严的政治秩序。待遇是乱不得的，一乱的话，人就失范，国将不国。我们看《论语》，孔子目睹鲁国权臣季氏享用天子规格的八佾舞蹈，就很反感，感叹"是可忍也，孰不可忍也"。八佾之舞就是体现君臣名分的器物，僭用舞蹈事小，乱了名分事大。

周襄王当然不愿赐予晋文公隧礼，他作为天子必须要维护这个政治伦理架构，可他已经失去了维持的实力，只剩下空头名义。不过，名义有时候也是一种力量，只要善用，就不空头。

周襄王紧紧抓住隧礼乃君臣名分之象征这一点，以此来压晋文公。周襄王用土地犒赏晋文公，晋文公既然不要，于是周襄王就从土地开始谈君王与臣民在身份地位上的根本区别。他的思路很清晰，目的很明确，只有把隧礼等"死生之服物采章"的分量说得重之又重，几等于王者本身的程度，才能令晋文公觉得消受不起；而只有晋文公自己觉得消受不起，才会主动放弃，不敢再坚持。所以，周襄王围绕着君臣名分大作文章，反复渲染，尽管没有一句话明说不给，可是所有的意思都在表示给不了，晋文公即使身为霸主，有大功于襄王，也不敢造次、越位。

第三讲
《郑伯克段于鄢》
——《左传·隐公元年》

　　初，郑武公娶于申，曰武姜，生庄公及共叔段。庄公寤生，惊姜氏，故名曰"寤生"，遂恶之。爱共叔段，欲立之，亟请于武公，公弗许。及庄公即位，为之请制。公曰："制，岩邑也，虢叔死焉，佗邑唯命。"请京，使居之，谓之"京城大叔"。

　　祭仲曰："都城过百雉，国之害也。先王之制：大都，不过参国之一；中，五之一；小，九之一。今京不度，非制也，君将不堪。"公曰："姜氏欲之，焉辟害？"对曰："姜氏何厌之有？不如早为之所，无使滋蔓。蔓，难图也。蔓草犹不可除，况君之宠弟乎？"公曰："多行不义，必自毙，子姑待之。"

　　既而大叔命西鄙、北鄙贰于己。公子吕曰："国不堪贰，君将若之何？欲与大叔，臣请事之；若弗与，则请除之，无生民心。"公曰："无庸，将自及。"大叔又收贰以为己邑，至于廪延。子封曰："可矣。厚将得众。"公曰："不义不昵，厚将崩。"

　　大叔完聚，缮甲兵，具卒乘，将袭郑。夫人将启之。公闻其期，曰："可矣！"命子封帅车二百乘以伐京。京叛大叔段。段入于鄢。公伐诸鄢。五月辛丑，大叔出奔共。

遂置姜氏于城颍,而誓之曰:"不及黄泉,无相见也。"既而悔之。颍考叔为颍谷封人,闻之,有献于公。公赐之食。食舍肉。公问之,对曰:"小人有母,皆尝小人之食矣,未尝君之羹。请以遗之。"公曰:"尔有母遗,繄我独无!"颍考叔曰:"敢问何谓也?"公语之故,且告之悔。对曰:"君何患焉?若阙地及泉,隧而相见,其谁曰不然?"公从之。公入而赋:"大隧之中,其乐也融融!"姜出而赋:"大隧之外,其乐也泄泄!"遂为母子如初。

【解题】

《郑伯克段于鄢》选自《左传》。《左传》是一部编年体的史书,作者是左丘明,所以名为《左传》。该书是用具体史实来还原《春秋》。

郑伯,是春秋初期郑国的国君郑庄公。周代实行公、侯、伯、子、男五等爵位制,郑是伯爵诸侯国,所以称郑国国君为郑伯。段,是郑庄公的亲弟弟。克,是战胜的意思。鄢,是郑国地名,故地在今天河南鄢陵。本文讲的是郑庄公隐忍多年剪除自己亲弟弟段的故事。

【讲疏】

郑庄公是个枭雄,他把自己的弟弟视作政敌,一心想要铲掉;但他特别能忍,不冒进,不盲动,采取后发制人的策略,最终逼弟流亡外国,巩固了自己的权力。

初,郑武公娶于申,曰武姜,生庄公及共叔段。庄公寤生,惊姜氏,故名曰寤生,遂恶之。爱共叔段,欲立之,亟请于武公,公弗许。及庄公即位,为之请制。公曰:"制,岩邑也,虢叔死焉,佗邑唯命。"

请京,使居之,谓之"京城大叔"。

"**初**",当初。这是交代"**郑伯克段于鄢**"的起因。当初,郑庄公的父亲郑武公从申国娶妻,名为"**武姜**"。武姜生下两个儿子,一个是后来的庄公,一个是共叔段。"**共**"(gōng),指紧邻郑国的共国,在今天河南辉县。"**段**"是其名,"**叔**"意指其年后于兄长庄公,古人以孟、仲、叔、季来排名叙齿。段被逼流亡共国,所以称为"**共叔段**"。庄公出生时"**寤生**",即难产,惊吓了母亲姜氏,所以取名为"**寤生**"——从名字就可看出来姜氏对这个儿子的极度反感和厌恶。所以姜氏移爱于小儿子段。她爱段的方式就是为段积极争取储君的位置。"**亟**"(qì),屡屡的意思。她多次提请丈夫武公改换储君,武公没有答应。周代实行嫡长子继承制,"寤生"作为武公的嫡长子,拥有合法的第一继承顺位,无故被废,必将动摇国本,武公不比姜氏意气用事,抵制了姜氏的要求。等到庄公顺利即位,姜氏退而求其次,为段请封,要"**制**"这个地方。"**制**",又名虎牢,在今天河南荥阳;原本是东虢国的领地,东虢后被郑所灭,因此归属郑国。"制"这个地方,形势险要,自来是兵家必争的战略要地,庄公不想把这个地方封给弟弟。他很会说话,不直接拒绝,而是利用姜氏疼爱段、担心其安危的心理做文章,说"**制,岩邑也,虢叔死焉,佗邑唯命**"。"**岩**",是险要的意思。庄公有意渲染"**制**"地的凶险,还拿东虢国国君虢叔就死在当地的例证来吓唬姜氏,言之凿凿,不由姜氏不相信;作为交换条件,庄公很大方地表示"**佗邑唯命**",即"他邑惟命是从"——其他地方任由您老人家来吩咐。"佗"即"其他"的"他"。于是又请求"京"地,"**京**"也是郑国一大邑,在今天河南荥阳。这次郑庄公二话没说,痛快答应,使段居于京,叫"**京城大叔**"。

段大概自恃有母亲的宠爱和扶助，野心不小；抵达京后，有了自己的领地，开始搞动作了。根据后文的叙述，主要是扩建城墙。但作者没有直接描写，这是《左传》的写作风格，为求行文简洁，因此留下了许多空白。

我们再往下看。

祭仲曰："都城过百雉，国之害也。先王之制：大都，不过参国之一；中，五之一；小，九之一。今京不度，非制也，君将不堪。"公曰："姜氏欲之，焉辟害？"对曰："姜氏何厌之有？不如早为之所，无使滋蔓。蔓，难图也。蔓草犹不可除，况君之宠弟乎？"公曰："多行不义，必自毙，子姑待之。"

祭（zhài）仲是郑庄公的一位亲信大臣。他目睹段在京的动作，有所担心，也是提醒庄公：都城的城墙超过"**百雉**"，就会威胁到国家的安全。"**雉**"是量词，长三丈、高一丈为一雉。先王创立了制度：大城，不能超过一国之都城墙的三分之一；中城，不能超过五分之一；小城，不能超过九分之一。现在京地的情形不合法度，并非先王的政制。任其发展，是国君您将无法忍受的。郑庄公则说："**姜氏欲之，焉辟害？**"是姜氏要这样子的，哪能避开危害呢？"**焉**"，疑问代词，哪里的意思。从庄公的答话，可见他深谙段的威胁，但问题的关键是在他母亲那里。祭仲继续说："**姜氏何厌之有？不如早为之所，无使滋蔓。蔓，难图也。蔓草犹不可除，况君之宠弟乎？**"姜氏有什么满足的？"**厌**"，满足的意思。"**何厌之有**"，即"有何厌"的倒装。不如早点安排他个地方。"**为之所**"，"**为**"，动词，安排的意思。"**之**"，代词，指段。不要让这种情况滋长、蔓延下去。

一旦蔓延，再就难以对付、处理了。野草蔓延开来，尚且不可清除，何况是国君您的备受宠爱的弟弟呢？祭仲要庄公下决心，在事情还没恶化到不可收拾的时候果断出手，一举解决段这个隐患。庄公没有答应，说"**多行不义必自毙，子姑待之**"。"**多行不义必自毙**"早已是成语了，这也是懂政治的人玩政治游戏的心得。"**义**"是道义，搞政治一定要在道义上站得住脚，堂堂正正，有理有据。不讲道义的事做多了，不用人推，自己势必倒塌。这也是通常说的，搬起石头砸自己的脚，自取灭亡。"**姑**"是暂且的意思，庄公要祭仲暂且忍一忍，再等等，可见他是成竹在胸，有足够的耐心来等待最适合出手的时机。相比庄公的老道，祭仲略有点沉不住气。

庄公静待事变，对段违背先王制度、扩建城墙的做法不闻不问，无形中鼓励了同样在试探和观望庄公反应的段。段于是胆子更大了，得寸进尺，又有进一步的动作。

既而大叔命西鄙、北鄙贰于己。公子吕曰："国不堪贰，君将若之何？欲与大叔，臣请事之；若弗与，则请除之，无生民心。"公曰："无庸，将自及。"大叔又收贰以为己邑，至于廪延。子封曰："可矣。厚将得众。"公曰："不义不昵，厚将崩。"

扩建城墙的事告一段落，不久段命令西鄙、北鄙两个城邑在听命国君之余也要听从他的号令。"**鄙**"，是位于边境地区的城邑。"**贰**"，是两属的意思，即一面听命庄公，一面归属自己。段在扩张势力范围。这次庄公一边出来公开表示担忧的是大夫公子吕，字子封。公子吕说：国家不能忍受两属的情况，君主将怎么办？不能犹犹豫豫，任由这样的情况拖延下去了，应该表明态度和立场。公子吕很着急，把话挑明：如果庄公想把国家交给段，他就改换门庭，请求过去侍奉段。如果不给，那就动手除掉段，不要发出错误的信号，令民心动荡。公子吕给出没有任何缓冲的两难选择，目的是促使庄公赶快下决心。庄公仍然不为所动，说用不着，段将自己赶上自造的祸难。看到庄公一方依旧没有反应，段又越过雷池一步，把本来两属的西鄙、北鄙正式收为己有，完全吞并了，其势力扩张至廪延。"廪（lǐn）延"，是郑国城邑，在今天河南的延津。公子吕等不及，敦促庄公：可以了。段控制的土地再这样扩大下去，将会得到人民的支持。庄公觉得还不到火候，反劝公子吕：段身为臣、身为弟，对其君、其兄不义，德行有亏，是凝聚不了民心的，人民不会支持他。即使土地广大，终会自行崩溃。

大叔完聚，缮甲兵，具卒乘，将袭郑。夫人将启之。公闻其期，曰："可矣！"命子封帅车二百乘以伐京。京叛大叔段。段入于鄢。公伐诸鄢。五月辛丑，大叔出奔共。

到这一步，段按照反叛的逻辑走到底。"**完聚**"，"**完**"是修葺城，"**聚**"是聚集人。"**缮甲兵**"，是修理铠甲和兵器；"**具卒乘**"，是准备步兵和兵车。也就是说，段进行了战争动员。将要偷袭郑都。其母姜氏为内应，将为段开启城门。内外夹攻，看来庄公岌岌可危、在劫难逃。"**公闻其期**"，庄公打听到段偷袭郑都的日期。看来，这多年来庄公表面上对段的动作一忍再忍，一退再退，没采取任何制约段的措施；实际上，他还是有布置的，有防范的。像袭郑日期这样机密的事，庄公能在事发前获得准确的情报，说明他有安插线人在母亲姜氏身边，盯梢其密谋。段终于要公然发难了，庄公说：可以了。他终于不用再忍了。于是命令公子吕率领两百乘兵车讨伐京城。"**乘**",是一个兵车单位,一乘兵车上有甲兵三人,同时附带步兵七十二人。作者在这里用的是"**伐**"字,"**伐**"是讨伐,讨伐有罪之人。段起兵造反,背叛君兄,庄公的出手,论性质当然是"**伐**",是打击叛乱分子、维护国家安定的义举。实力上庄公的政府军占优,道义上庄公的平叛名正言顺,段的失败已不可避免。果然,"**京叛大叔段**",京作为段辛苦经营的根据地在庄公讨伐的压力下也背叛了段。段逃到了鄢。庄公步步紧逼,猛追穷寇,进击到鄢。"**五月辛丑**",即鲁隐公元年五月辛丑,当天是公元前722年5月23日,"**大叔出奔共**",在郑国呆不下了,段出逃到共国。

段的问题得以彻底解决,一直在支持段的姜氏该如何处理呢?没有姜氏的偏爱和纵容,庄公也不会走到和他亲弟弟骨肉相残的地步!多年来庄公忍气吞声,积累了一肚子的不满和愤怒,这下他终于有机会任情发泄了。

遂置姜氏于城颍,而誓之曰:"不及黄泉,无相见也。"既而悔之。

于是把姜氏安置在城颍。城颍是郑国地名,在今天河南的临颍。这等于是把姜氏驱逐出都城。驱逐还不够,庄公更发下毒誓:"不到黄泉地底,不再见面。"也就是说,只要活着,他就不想再见亲生母亲,这话等于断绝母子亲情。话说得这么狠,誓发得这么毒,庄公该积蓄了多大的怨恨啊!庄公是个成熟老练的政治家,驱逐母亲,尽情发泄不满,固然快意,但随即意识到这一做法过于任性,诚为不妥。无论姜氏如何对不住他,无论他如何失欢于姜氏,母亲毕竟是母亲,他以这种绝情的方式对待母亲,足令他丧失舆论的同情,对他国君的形象极其不利。"**既而悔之**"——不久就后悔了。后悔的,不是待姜氏严苛刻薄,而是令他在政治上可能陷入被动,招致不必要的非议。不过,先前发的毒誓实在太满了,不好转弯。庄公需要台阶下。有趣的是,有人就立刻搬来了梯子。这个人叫颍考叔。

颍考叔为颍谷封人,闻之,有献于公。公赐之食。食舍肉。公问之,对曰:"小人有母,皆尝小人之食矣,未尝君之羹。请以遗之。"公曰:"尔有母遗,繄我独无!"颍考叔曰:"敢问何谓也?"公语之故,且告之悔。对曰:"君何患焉?若阙地及泉,隧而相见,其谁曰不然?"公从之。公入而赋:"大隧之中,其乐也融融!"姜出而赋:"大隧之外,其乐也泄泄!"遂为母子如初。

颍考叔是颍谷这个地方管理疆界的官员。"**封**",是疆界。颍考叔听说了事情始末,他以进献的理由去见庄公。庄公赐给他食物。颍考叔吃时,有意不吃肉。庄公问他原因,颍考叔说他的母亲都吃过他的食物,只是从未尝过君主的肉羹,所以请把肉羹留给母亲吃。庄公听闻此言,于是感叹:你有母亲可留,唉,唯独我没有啊!"**繄**"(yī),是句首语气词,没有实际意义。颍考叔揣着明白装糊涂,故意问此话何讲。"**敢**",是表示恭敬的副词;"**何谓**",指什么意思、此话怎讲。庄公告诉他缘故,并且把后悔的事告诉了颍考叔。颍考叔有备而来,自然事先想好了应对的法子,亲见庄公确实有悔改之意,于是贡献计策:有什么好担心的。如果挖地,挖到黄泉,修个隧道,在隧道中母子相见,谁会说不是这样子的?"**其**",是语气副词,以加强反问。这也是没法子的法子,既成全了君的戏言,又弥补了破裂的母子关系。庄公依从了。两人就在隧道中相见——从前事做得这么绝,话说得这么绝,今日重见,岂非尴尬之极!不要紧,可以赋诗,在不便说话的时候借诗来一诉衷心,诗之为用大矣哉!母子俩都是好演员,知道这个场合应当怎样表演。庄公赋诗:在大隧中,其乐融融。姜氏回赋:大隧之外,其乐畅快。于是母子关系恢复到当初。

问题是,当初两人关系也不咋样,否则姜氏不会屡屡请求郑武公更换世子,否则姜氏不会为助段篡位不遗余力。只是当初没撕破脸而已。所以,经隧道之见后的庄公和姜氏,回到了当初面和心不和的状态。庄公依旧在臣民面前扮演着孝子的角色,姜氏同样扮演着慈母。国家需要他俩做这样的表演。

【简评】

本文成功地塑造了郑庄公这个典型的政治人物的形象。之所以说郑庄公的根本特征是"政治性",是因为作者把他置于权力和亲情的非此即彼式的冲突中,不留缓冲地带,而他很坚决、很彻底地选择了权力。郑庄公把一母所生的亲弟弟段视作他权力的竞争者,但由于政治伦理的制约,他不能不有所顾忌,而利用自己国君兼兄长的优势地位,采取不断退后的策略,放纵段的贪欲,令段自己暴露自己的不轨企图,一步步走向叛兄篡位的不归路;同时,郑庄公对亲生母亲也不留情,把段逼到外国后又立即流放母亲,以发泄多年来隐忍不发的怨恨,虽然在颍考叔的积极说和下同母亲重归于好,但这也是出于自己政治形象的考虑而非母子的血缘亲情。在这个过程中,郑庄公的冷静、老辣、不动声色、后发制人、讲究名义等种种政治人格的特点,表现得极为充分;且郑庄公的政治人格,在祭仲、公子吕等亲信大臣的肤浅、毛躁以及段的轻狂、冒进的衬托下,更为特出了。郑庄公式的形象，我们在其后漫长的中国古代史中将会反复见到。

还值得留意的是作者的叙事风格。作者的态度很客观，简直就是中性的，并未明着评论该事件中的任何一个人，只是如实记叙事情的变化发展以及局中人的相应表现，但作者的褒贬就这样自然而然流露出来了，这也是前人赞叹有加的"寓褒贬于叙事中"的风格。

第四讲

《烛之武退秦师》
——《左传·僖公三十年》

晋侯、秦伯围郑，以其无礼于晋，且贰于楚也。晋军函陵，秦军氾南。佚之狐言于郑伯曰："国危矣，若使烛之武见秦君，师必退。"公从之。辞曰："臣之壮也，犹不如人；今老矣，无能为也已。"公曰："吾不能早用子，今急而求子，是寡人之过也。然郑亡，子亦有不利焉！"许之。

夜缒而出，见秦伯，曰："秦、晋围郑，郑既知亡矣。若亡郑而有益于君，敢以烦执事。越国以鄙远，君知其难也，焉用亡郑以陪邻？邻之厚，君之薄也。若舍郑以为东道主，行李之往来，共其乏困，君亦无所害。且君尝为晋君赐矣，许君焦、瑕，朝济而夕设版焉，君之所知也。夫晋，何厌之有？既东封郑，又欲肆其西封，若不阙秦，将焉取之？阙秦以利晋，唯君图之。"秦伯说，与郑人盟。使杞子、逢孙、杨孙戍之，乃还。

子犯请击之。公曰："不可。微夫人之力不及此。因人之力而敝之，不仁；失其所与，不知；以乱易整，不武。吾其还也。"亦去之。

【解题】

《烛之武退秦师》选自《左传》,此事发生于鲁僖公三十年(公元前630年)。烛之武是郑国大夫,他有外交才能,经过一番巧妙的游说,成功说服秦穆公,使秦军撤退,拆散了秦晋两国的同盟,令郑国转危为安。

【讲疏】

晋侯、秦伯围郑,以其无礼于晋,且贰于楚也。

晋侯,是晋文公;秦伯,是秦穆公。晋的爵位是侯,秦的爵位是伯。两国结成了同盟,联合起来围攻郑国。尽管"春秋无义战",真的打起仗来,名义总是需要树立起来的,以表示行动的正大光明。晋秦的联合军事行动有两个摆在台面上的名义,一是郑国的国君曾经对晋文公无礼;二是郑国政治立场不坚定,在归附晋的同时还倒向楚国一边,骑墙,两头倒,即"**贰于楚**"。

围攻郑国的两大名义之背后有特定的历史背景,先需要解释。晋文公名重耳,他父亲晋献公死后,晋国陷入内乱,重耳为避乱,在四十二岁那年出奔流亡,周历八国,备经艰难险阻,尝尽世态炎凉。有的国君很欣赏重耳,善待他;有的则投以冷眼,郑国就是这样的。流亡列国十九年后,在秦穆公的支持下,重耳回国继承了君位。晋国本就是个大国,内乱一经结束,再辅以文公的锐意改革,国势日强。文公做国君虽只短短的三年,可他的功绩极大,继承了齐桓公开创的"尊王攘夷"的事业,跻身"春秋五霸",是齐桓公之后当之无愧的中原霸主。以晋文公霸主的气度，绝不会介意流亡时期曾在郑国所受的冷遇，他之所以联合秦国来围攻郑国，真正的目标是针对郑国背后的楚国。

这里也有历史背景。当中国历史进入春秋时代后，以周天子为象征的华夏文化共同体面临着巨大的危机。从内部来说，是周分封的各个诸侯国相互兼并；从外部来说，是华夏文化遭遇与之杂处的戎狄蛮夷等异族的入侵。而周天子又失去了权威，无法领导华夏。在这种形势下，齐桓公首先崛起，提出"尊王攘夷"的口号，以维护周天子的地位为前提，团结诸夏，一致对外；而作为华夏对立面的诸多外族中，最强大的就是兴于江、汉间的荆楚民族。郑国虽属于华夏，但它是楚人进入中原的必经通道，承受着楚国的凌厉攻势，于是被裹挟，夹在华夏与蛮楚两大集团之间，经常随着局势的变化而左右摇摆，这就是本文开头所说的**"贰于楚"**。

晋军函陵，秦军氾南。

晋军驻扎在函陵，秦军驻扎在氾南。"**军**"，这里用作动词，是驻屯的意思。"**函陵**"，郑地名，在今天河南新郑。"**氾（fán）南**"，河水名，今已湮没，其故道在今河南中牟。两军形成夹击之势，很明显，郑国岌岌可危。

佚之狐言于郑伯曰："国危矣，若使烛之武见秦君，师必退。"

在即将亡国的危急关头，一个叫佚之狐的郑国大夫出面见国君郑文公，推荐了烛之武，说："国家危险了。如果令烛之武去见秦君，联军必退。"可是问题又来了,秦晋同盟,晋国是主导;既要做外交工作,照理说首选目标应该是晋国,只有把晋国说通了,得到晋国的首肯、宽谅,郑国才能平安无事,为什么佚之狐这么肯定——只要烛之武见秦君,撇开晋国,军事威胁就解除了?秦国为什么是消除这场危机的突破口?里面究竟有什么玄机?

公从之。辞曰:"臣之壮也,犹不如人;今老矣,无能为也已。"公曰:"吾不能早用子,今急而求子,是寡人之过也。然郑亡,子亦有不利焉!"许之。

郑文公听从了佚之狐的举荐。可事情并不顺利,出现波折,烛之武拒绝了,他推辞说:"我壮盛的时候,尚且不如人;如今老了,不能做什么了。"显然,烛之武是在发牢骚,抱怨国家在太平时节闲置他,现在形势危急没人能顶起来,才想到他,要他趟这浑水。郑文公老到,一听就懂,用人之际,也不讲什么面子,不摆什么架子,马上致歉:"我不能早点任用你,现今情况急迫来求你,这是寡人的过错。"态度诚恳,随即以国家大义相责——"然而,要是郑国灭亡了,对你也是不利的。"烛之武是郑国大夫,是统治阶层的一员,与国家共命运,道理他当然是明白的。既然郑文公如此谦逊,烛之武不再坚持翘辫子,适可而止,答应出马。

我们来看烛之武的精彩表演。

夜缒而出,见秦伯,曰:"秦、晋围郑,郑既知亡矣。若亡郑而有益于君,敢以烦执事。越国以鄙远,君知其难也,焉用亡郑以陪邻?邻之厚,君之薄也。若舍郑以为东道主,行李之往来,共其乏困，君亦无所害。且君尝为晋君赐矣，许君焦、瑕，朝济而夕设版焉，君之所知也。夫晋，何厌之有？既东封郑，又欲肆其西封，若不阙秦，将焉取之？阙秦以利晋，唯君图之。"

趁着夜晚，身上绑着绳子吊下出城。"**缒**"是用绳子吊重物的意思。烛之武见到了秦穆公，说："秦、晋两国围攻郑国，郑国已知快要灭亡了。如果灭亡了郑国，而对您秦国有利，那冒昧地拿'亡郑'这件事来劳烦您。"言下之意，要是郑国的灭亡对秦国有利，那就麻烦您快点动手吧。"**执事**"，本是泛指秦穆公手下的办事人员，烛之武是臣，秦穆公乃君，臣对君于礼不能直接称呼，所以托言"**执事**"，实指秦穆公。

以上是烛之武的开场白。他很坦白，直截了当地指出郑国所处的形势，承认亡国在即，但他没有摇尾乞怜，求对方高抬贵手放郑国一马，在国际政治的交锋中，这一套没用，而且有失国格、人格；只能据理力争，动之以利害。烛之武开宗明义就说灭亡郑国对秦国没好处。何出此言呢？烛之武为秦穆公拨开迷雾，看清局面，将其中的利弊一一道来，从而使秦穆公打破了对晋国的不切实际的幻想和期待。

烛之武一共分了四层来分析：

第一层，"**越国以鄙远，君知其难也，焉用亡郑以陪邻？邻之厚，君之薄也**"。跨越一个国家，把离本土遥远的异地作为边邑，君主您是知道它的难处的，怎么用得着灭亡郑国来为您的邻国晋国增加实力？邻国实力增强，您秦国就相应削弱。"**鄙**"，是边邑。"**陪**"，通"**倍**"，增加。这是说，灭郑的胜利果实，将被晋国摘取，秦国费时费力，只有望洋兴叹的分儿，不干秦国啥事。我们把地图翻开一看，情况便一目了然，确如烛之武所言。秦国和郑国，中间隔着一个晋国。假设郑国真的灭亡，秦国很难跨越晋国来占有郑国。合乎逻辑的结果是，郑国被晋国整个儿吞并，晋国土地随之扩张，相应地，秦国便萎缩。"**厚**"和"**薄**"，是处在竞争关系中的两个国家实力的此消彼长，一进一出，"**厚**"和"**薄**"差距就很大了，烛之武是这样来算账的。

第二层，烛之武告诉秦穆公保留郑国的好处，其实是郑国为避免亡国而向秦国开出的条件。"**若舍郑以为东道主，行李之往来，共其乏困，君亦无所害**"，如果不灭郑国，把郑国作为秦国在东方大路上的主人，秦国外交人员来来往往，郑国可以提供补给，这对您完全无害。这是外交辞令，一言以蔽之，郑国可以作为秦国的可靠的小兄弟而存在于东方。"**东道主**"在今天已经是固定用语了，郑国在秦国的东边，所以秦人经过郑国，郑国倾力招待，相当于东道的主人。"**行李**"，指外交使者。"**共**"，即"供"，供应。

以上两层，一说灭郑对秦的害处，一说存郑对秦的好处。这两层，主要涉及的是秦国和郑国的关系。站在秦穆公的立场，如果他觉得秦国和晋国结盟的利益要大于分裂的话，他根本不在意要郑国这个东道主、小兄弟的。所以烛之武继续进言，挑破秦、晋的关系的实质。

第三层，从历史上看，晋国不守信用，不可相信。烛之武说："**且君尝为晋君赐矣，许君焦、瑕，朝济而夕设版焉，君之所知也。**"况且，从前您曾经给过晋君恩惠。这里指的是晋惠公背信弃义的历史事件。晋惠公夷吾是重耳的弟弟，也是得到秦穆公的支持，先于文公回国继位。当初为获取秦穆公的协助，夷吾承诺归国后割让焦、瑕两地给秦国，但夷吾目的达到后拒不认账。烛之武引用发生在秦穆公身上的这件事，有意把话说得尖锐而夸张：夷吾向您许诺割让焦、瑕两地，但他早上过了河，晚上就加强了两地的城防，这都是您所知道的。以此提醒秦穆公：弟弟夷吾说话不算数在先，哥哥重耳也极有可能说话不算数在后。"**济**"，是渡河。"**版**"，是古代修墙所用的夹板，这里指防御工事。"**朝济而夕设**"，把夷吾的变化缩短为朝夕，以时间之短来渲染晋人翻脸之快。

第四层，从现实来看，晋文公在灭郑后很有可能会调转枪口，对准盟友。"**夫晋，何厌之有？既东封郑，又欲肆其西封，若不阙秦，将焉取之？阙秦以利晋，唯君图之。**"晋国，有什么满足的？在已把郑国如愿以偿地作为其东边的国境后，又想扩张西边的国境。如果不打秦国的主意，亏损秦国，又往哪里去获取土地呢？损秦国来有利晋国，这笔账由您自己来盘算吧。

道理讲到这里就非常明白了。秦、晋潜存着矛盾，唯有挑明、利用这个矛盾，郑国才有保存的可能，所以只能做秦国的工作，把秦国说通。佚之狐看得透彻，所以很有把握地对郑文公说"**若使烛之武见秦君，师必退**"。他看到了问题的关键之所在，也对烛之武的游说才能深信不疑。佚之狐既有知事之智，也有知人之明。

秦伯说，与郑人盟。使杞子、逢孙、杨孙戍之，乃还。

秦穆公完全被说服了，"**说**"，通"**悦**"，高兴极了。秦穆公和郑人订立了盟约，非但如此，还令杞子、逢孙和杨孙三人领车为郑国戍守；待一切安排妥当后，秦穆公这才挥师回国。他全不理会晋文公这个昔日的盟友，就把晋人晾在一边，自己先撤了。

子犯请击之。公曰："不可。微夫人之力不及此。因人之力而敝之，

不仁；失其所与，不知；以乱易整，不武。吾其还也。"亦去之。

面对剧情的突然反转，晋国内部混乱了，完全没有料到秦穆公会来这么一手。子犯，即晋文公的舅舅狐偃，很生气，向晋文公请求攻打秦军。晋文公是一代霸主，没那么容易被激怒，他说："不行。如果没有那人的力量我们不会到今天这个局面。依靠了他人的力量却反过来损害他，这叫不仁；失去盟友，这叫不智；用混乱代替齐整，即使胜了，也是不武。我们也回去吧。"于是晋人也离开郑国。

"微"，是带有假设语气的否定性副词，相当于"如果没有"。"夫人"，那个人，即秦穆公，"夫"在这里是个指示代词。"因"，有依赖的意思。重耳是依靠秦穆公的支持才得以回国继承君位。"敝"，损害。依靠别人的帮助，却不念恩惠，反过来损害人，从道德的角度来讲，这是不"仁"。晋文公在建立霸业的进程中，非常注重行动的正义性和道德性，他绝不会主动与秦穆公翻脸，令自己在道义上有亏。况且，如果就这样与秦国开战，等于公开撕裂双方的同盟关系，在国际政治中，多一个朋友总比多一个敌人要好，轻易树敌，丢掉盟友，极不聪明。晋、秦本来齐心协力，围攻郑国，现在郑国没灭掉，联军自相厮杀，乱成一片，即使把秦军击败，也不符合"武德"。春秋时列国打仗，有相应的道德准则，是为"武德"，晋文公不想"胜之不武"。

【简评】

《左传》这本书以擅长描写外交辞令而著称。春秋时代，诸侯国林立，而国际局面并不太平。强国要争霸，弱国要图存，频繁的战争是免不了的，与战争相伴而生的，有结盟、有媾和等国际行动，于是外交的重要性也凸显出来。甚至在某些特定时候，折冲樽俎的效力要好过大操干戈，一言可以存邦，并不是不可能的。本文中的烛之武就是个典型的例子。秦晋两大强国联军围郑，郑国危在旦夕，烛之武一出，不过讲了几句话，辞令像手术刀一样锋利，像瞄准器一样精准，拆散了"秦晋之好"，令秦国调转枪口，助郑防晋，这就是"不战而退人之兵"，烛之武的厉害于此可见一斑，他洞察局势、娴于辞令的外交家的形象便跃然而出。

孟子说"春秋无义战"。小国要想在不讲道义的战争环境中生存下来，必须利用大国之间的矛盾。大国相互间的矛盾越大，小国的生存空间则越大。"小国无外交"的前提，是大国已达成了一致，只能接受安排了。烛之武是明敏睿智的外交家，对此中关系看得很透。所以他选择秦穆公作为突破口，为秦穆公剖析利害，打破其幻想，挑明秦晋两国潜在的巨大矛盾——这一矛盾是天然的，由客观的地理条件所决定，而不以两国国君的私人关系为转移；秦晋比邻而居，秦国有东进中原的企图，但晋国挡了它的道，两国关系从本质上讲是一山不容二虎，不可能睦邻友好。烛之武围绕着这一点做足了文章，层层详析，步步紧逼，不由得秦穆公不动心。

作为外交辞令，我们还要看到烛之武寓刚厉于谦卑、寄明快于委婉的风格。面对秦穆公，他态度谦逊，言语客气，陈词从容，把谐理讲得深入、透彻，风度也是极好的。

第五讲
《邹忌讽齐王纳谏》
——《战国策·齐策》

　　邹忌修八尺有余，而形貌昳丽。朝服衣冠，窥镜，谓其妻曰："我孰与城北徐公美？"其妻曰："君美甚，徐公何能及君也？"城北徐公，齐国之美丽者也。忌不自信，而复问其妾曰："吾孰与徐公美？"妾曰："徐公何能及君也？"旦日，客从外来，与坐谈，问之客曰："吾与徐公孰美？"客曰："徐公不若君之美也。"明日，徐公来，孰视之，自以为不如；窥镜而自视，又弗如远甚。暮寝而思之，曰："吾妻之美我者，私我也；妾之美我者，畏我也；客之美我者，欲有求于我也。"

　　于是入朝见威王，曰："臣诚知不如徐公美。臣之妻私臣，臣之妾畏臣，臣之客欲有求于臣，皆以美于徐公。今齐地方千里，百二十城，宫妇左右莫不私王，朝廷之臣莫不畏王，四境之内莫不有求于王：由此观之，王之蔽甚矣。"

　　王曰："善。"乃下令："群臣吏民能面刺寡人之过者，受上赏；上书谏寡人者，受中赏；能谤讥于市朝，闻寡人之耳者，受下赏。"

　　令初下，群臣进谏，门庭若市；数月之后，时时而间进；期年之后，虽欲言，无可进者。燕、赵、韩、魏闻之，皆朝于齐。

此所谓战胜于朝廷。

【解题】

《邹忌讽齐王纳谏》选自《战国策·齐策》。《战国策》是西汉刘向编辑的一部史书,主要记载战国时纵横家的事迹。本文中的邹忌,是齐国的相国。"讽",是委婉劝说的意思。邹忌以他被身边人蒙蔽为例,提示齐王有更大的可能被层层谎言所蒙蔽,以至于看不清楚真相。齐王听从了邹忌的规劝,悬重赏来征求群臣吏民的意见,并且改过迁善,齐国由此威服列国。

【讲疏】

邹忌修八尺有余,而形貌昳丽。朝服衣冠,窥镜,谓其妻曰:"我孰与城北徐公美?"其妻曰:"君美甚,徐公何能及君也?"城北徐公,齐国之美丽者也。

"修",长的意思。邹忌身高八尺有余,而且形貌俊美。战国时一尺近于今天的二十四厘米。八尺有余,也就是一米九左右的身高。邹忌,修长、高大、英俊、帅气,足见是个标准的美男子。加之身为齐国的相国,位高权重,风度翩翩,众所仰望,简直是命运的宠儿。早上,邹忌穿戴好衣冠,照了照镜子——我们可以想见这时候他的自我陶醉、自我欣赏的样子。邹忌问他的妻子:"我与城北徐公哪一个漂亮?"城北徐公,是齐国公认的最美的男性。邹忌的妻子回答:"您更美呀,徐公哪能赶得上您?"

忌不自信，而复问其妾曰："吾孰与徐公美？"妾曰："徐公何能及君也？"旦日，客从外来，与坐谈，问之客曰："吾与徐公孰美？"客曰："徐公不若君之美也。"明日，徐公来，孰视之，自以为不如；窥镜而自视，又弗如远甚。

但是邹忌不大自信，又换了一个人，问他的妾："我和徐公相比，哪一个漂亮？"妾同样回答："徐公哪能赶得上您啊。"第二天，有客人从外来拜访，邹忌与坐谈，又拿这事问客人："我与徐公谁漂亮？"客人说："徐公不如您漂亮。"过了一天，徐公本人来访。邹忌盯着他直看，自以为不如。"**孰**"，通"**熟**"，仔细的意思。邹忌还不甘心，再度照镜子，自己端详自己，这下觉得远远不如徐公漂亮了。

文章把邹忌写得很有趣：邹忌对自己出众的仪表非常自负，但徐公这个齐国公认的美男子始终在他脑中盘旋，是他想要一较高下的对象。邹忌没有盲目自我陶醉，他是个较真的性格，身为齐国的大人物，为了调查清楚谁长得更漂亮这样的小事，甚至可以说无聊的事，不耻下问，向他的妻、他的妾、他的客挨个儿来确证，期待能得到客观的评价。这是不是还意味着邹忌有点虚荣呢？有点吧。邹忌作祟的虚荣心在他执着的性格的映衬下，显得颇为天真、可爱。邹忌最可贵之处，不是他的有趣、执着、天真和可爱，而是他的反思精神。他的妻、他的妾、他的客人三人不约而同赞美他，而等到亲见徐公其人，当面锣对面鼓，邹忌这才知道他的确没有徐公漂亮。为什么三个人都在睁眼说瞎话？邹忌要琢磨个究竟出来。

暮寝而思之,曰:"吾妻之美我者,私我也;妾之美我者,畏我也;客之美我者,欲有求于我也。"

晚上躺在床上反思这个问题,他终于搞明白了:"我的妻之所以认为我漂亮,是偏爱我;我的妾之所以认为我漂亮,是害怕我;我的客人之所以认为我漂亮,是想有求于我。"如果邹忌琢磨出来的就这三点,也没什么高明的。因为偏爱,因为畏惧,因为求人,所以不惜歪曲事实来讨好和奉承,此乃人之常情,如此浅显的道理要花费那么多的工夫去想吗?不过,文章就在这里戛然而止,留下悬念,不知邹忌的真正意图。

于是入朝见威王,曰:"臣诚知不如徐公美。臣之妻私臣,臣之妾畏臣,臣之客欲有求于臣,皆以美于徐公。今齐地方千里,百二十城,宫妇左右莫不私王,朝廷之臣莫不畏王,四境之内莫不有求于王:由此观之,王之蔽甚矣。"

于是邹忌上朝去见齐威王,说:"臣的确知道不如徐公漂亮,但是臣的妻偏爱臣,臣的妾畏惧臣,臣的客想有求于臣,都认为比徐公漂亮。现今齐国土地方圆千里,城池一百二十座,后宫佳丽以及亲信左右,没有不偏爱大王的,朝廷众臣没有不畏惧大王的,齐境之内没有不有求于大王的:由此看来,大王您可能受到的蒙蔽太深了。"

邹忌拿自己的事作类比,目的是告诉齐王可能会有性质相似且程度更深的遭遇,即"蔽"。邹忌从他与徐公比美的事中最终反思、琢磨、领悟到的,是可能被他人以各种缘由而蒙蔽,也就是说从他人那里无从观照到真实的自己，从而使自己产生错觉和误判。这才是处在邹忌这样位置的人最关切、最在意的问题。

《战国策》中有则类似的故事可以帮助我们来理解：卫灵公宠信雍疽、弥子瑕，两人恃宠专断，蒙蔽左右。有人对卫灵公说：我有天做梦，梦到了国君。灵公问梦到何物。此人说：梦到了灶台。灵公生气了：从来梦到人君的，都是梦到太阳，你竟然梦到灶台，什么道理！此人解释：太阳，从来都是普照天下的，"一物不能蔽也"；灶台就不一样了，前面的人只要堵着火口，后来者就没有机会见到。现在怀疑有人挡着国君，所以梦见灶台。卫灵公当下会意，立即废黜了雍疽和弥子瑕。

有意思的是，当邹忌说到"**由此观之，王之蔽甚矣**"，话就不再往下说了。这里又展示了邹忌的聪慧，善解人意。邹忌"**讽**"的对象是齐王，对此类人物，点到为止即可，他们自然明白，不必非要把话说得露骨，否则适得其反。

> 王曰："善。"乃下令："群臣吏民能面刺寡人之过者，受上赏；上书谏寡人者，受中赏；能谤讥于市朝，闻寡人之耳者，受下赏。"

果然，齐威王立刻明白了邹忌的意思，知道该怎么做了。于是下令：群臣吏民，有能当面指责其过失的，受上等赏赐；有能上书劝谏的，受中等赏赐；能在街市当众议论并且使他耳闻的，受下等赏赐。"**刺**"，是指责的意思。"**谤**"，是公开指责他人的过错。齐威王所下的这一道政令，是重赏征求谏议，鼓励臣民放言，帮他改过。由此看来，齐王完全接受了邹忌的意见。

令初下，群臣进谏，门庭若市；数月之后，时时而间进；期年之后，虽欲言，无可进者。

政令刚颁布的时候，群臣进谏，本来肃静庄重的宫门院庭犹如市场般热闹。"**门庭若市**"，用来形容群臣争先进言的场景，很形象。几个月之后，有时候偶然还有人来进言。"**间**"（jiàn），是偶尔的意思。一年以后，虽然还有想进言的，但已无话可说了。"**期**（jī）**年**"，满一年。

本段包含着几层意思：其一，是说齐王的纳谏是真诚的，过了一年仍然有人愿进言，证明言路始终畅通，并非在作秀、摆姿态；其二，是说齐王不止于听，更把臣民的劝谏付之于实际行动，不断纠正和完善自己。所以由最初的"**门庭若市**"，到"**时时而间进**"，再到最后的"**无可进者**"——齐王的表现以及齐国的内部治理状况快接近尽善尽美的境地了。

燕、赵、韩、魏闻之，皆朝于齐。此所谓战胜于朝廷。

燕、赵、韩、魏等国听说后，都来向齐国朝拜。这就叫"**战胜于朝廷**"。齐王持续一年的纳谏行动最终有什么标志性的成果呢？就是不用打仗，几个敌国都自动来表态臣服。"战胜于朝廷"，是说内政修明，自然能使外国臣服。

【简评】

本文的小说气息非常浓厚，行文也很风趣，主人公邹忌的形象可爱而生动。邹忌这个人有两大特点：一是善悟，二是会劝。

作者写到邹忌与徐公比美，尽管只是日常生活中的琐事，但整个过程波澜起伏，饶有趣味。邹忌先是对容貌自我感觉良好，其后放心不下，再三询问妻、妾、客等人意见，寻求确证；等徐公亲自来，当面仔细比较，仍不甘心，还要窥镜，直至彻底死心。故事由窥镜开始，又以窥镜终结，邹忌从舒心，到不放心，又不甘心，最后不得不死心，心态的变化层次描摹得鲜活、细腻。邹忌最可贵的地方，是善于发现问题，他并未恼怒受到身边人的愚弄，而是从这一琐事中反思究竟是什么原因造成身边人睁着眼睛说瞎话，故意讨好他。这是邹忌的"善悟"。

邹忌身为齐国相国，辅佐齐王、改良政治是他分内的事。但邹忌没有硬邦邦地拿大道理去敦促齐王虚己纳谏，而是把发生在自己身上的这事类比，类推到齐王，启发齐王自我警惕，认识到所受的蒙蔽有可能比他还要严重得多。这是典型的以小见大、由己及人，事情新奇，道理深刻。邹忌深谙人性，点到即止，不做过多的发挥和引申。于此表现了邹忌的"会劝"。

作者犹未尽兴，进一步写到邹忌讽齐王纳谏的效果。效果分两方面来写：一是国内群臣吏民踊跃进言，争先恐后。作者通过进言一方情形的变化来凸显纳谏后的功效。由起初的"门庭若市"，到数月后的"时时而间进"，再到一年后的"虽欲言，无可进者"，说明齐王以及齐国内政的弊病在一步步修整、纠正并趋于完善。二是邻国看到齐国内部得到大治，均来朝拜，以示臣服。齐国的国际地位就这样大为提高了。

故事从照镜比美这样微不足道的生活细节开始，一步步演变，最后居然发展到列国朝拜齐国的宏大局面，整个逻辑既出人意料，又似乎顺理成章。从作者的叙述脉络来讲，这当然可视为邹忌之类的纵横家言说的威力,与此同时,也未尝不是展示了历史过程那难以捉摸的趣味。

第六讲
《触龙说赵太后》
—— 《战国策·赵策》

赵太后新用事，秦急攻之。赵氏求救于齐，齐曰："必以长安君为质，兵乃出。"太后不肯，大臣强谏。太后明谓左右："有复言令长安君为质者，老妇必唾其面。"

左师触龙言愿见太后。太后盛气而揖之。入而徐趋，至而自谢，曰："老臣病足，曾不能疾走，不得见久矣。窃自恕，而恐太后玉体之有所郄也，故愿望见太后。"

太后曰："老妇恃辇而行。"

曰："日食饮得无衰乎？"

曰："恃粥耳。"

曰："老臣今者殊不欲食，乃自强步，日三四里，少益耆食，和于身。"

太后曰："老妇不能。"

太后之色少解。

左师公曰："老臣贱息舒祺，最少，不肖；而臣衰，窃爱怜之。愿令得补黑衣之数，以卫王宫。没死以闻。"

太后曰："敬诺。年几何矣？"

对曰:"十五岁矣。虽少,愿及未填沟壑而托之。"

太后曰:"丈夫亦爱怜其少子乎?"

对曰:"甚于妇人。"

太后笑曰:"妇人异甚。"

对曰:"老臣窃以为媪之爱燕后贤于长安君。"

曰:"君过矣!不若长安君之甚。"

左师公曰:"父母之爱子,则为之计深远。媪之送燕后也,持其踵,为之泣,念悲其远也,亦哀之矣。已行,非弗思也,祭祀必祝之,祝曰:'必勿使反。'岂非计久长,有子孙相继为王也哉?"

太后曰:"然。"

左师公曰:"今三世以前,至于赵之为赵,赵主之子孙侯者,其继有在者乎?"

曰:"无有。"

曰:"微独赵,诸侯有在者乎?"

曰:"老妇不闻也。"

"此其近者祸及身,远者及其子孙。岂人主之子孙则必不善哉?位尊而无功,奉厚而无劳,而挟重器多也。今媪尊长安君之位,而封之以膏腴之地,多予之重器,而不及今令有功于国,一旦山陵崩,长安君何以自托于赵?老臣以媪为长安君计短也,故以为其爱不若燕后。"

太后曰:"诺,恣君之所使之。"

于是为长安君约车百乘,质于齐,齐兵乃出。

【解题】

《触龙说赵太后》选自《战国策·赵策》。此事发生在公元前265年,当时赵孝成王刚登基，年幼，由他母亲赵太后摄政，秦国趁机进攻赵国，赵国向齐国求救，齐则要求赵以太后最宠爱的小儿子长安君为人质，才肯发兵。太后坚决不答应，是左师触龙出面，以其高超的游说技巧完美地引导和驾驭太后的心情，最终成功地转变太后的想法，令太后心甘情愿地送长安君为齐国人质。

【讲疏】

赵太后新用事，秦急攻之。赵氏求救于齐，齐曰："必以长安君为质，兵乃出。"太后不肯，大臣强谏。太后明谓左右："有复言令长安君为质者，老妇必唾其面。"

赵太后刚开始执政，秦国趁着这个机会猛攻赵国。"**新**"，是刚开始的意思。"**用事**"，即执政。赵于是向齐国求救，齐国开出了条件："必须要长安君为人质，才能发兵。"长安君，是太后最宠爱的小儿子，太后当然不愿意。战国时列国大兴合纵连横，用我们今天的话来说，是广泛地建立统一战线，扩大朋友圈，孤立和打击敌国。但是这种性质的统一战线是基于暂时性的利益，基础并不牢固。所以有时为了彼此的互信，往往把王子、王孙作为人质抵押给对方。既然是人质，一旦双方失和、交恶，就有很大的可能性被牺牲掉。别的不说，秦始皇嬴政的父亲异人大约就是在这个历史时间段内被秦国送到赵国当人质的，嬴政本人也出生于赵国。后来秦赵发生战争，赵国已经下定决心杀掉包括嬴政在内的异人全家，向国民展示抗秦的决心，因为有一直在打异人的主意、把他当成奇货可居的吕不韦在，经吕不韦的打点和运作，异人才逃出赵国首都邯郸，幸免于难。从赵太后的立场来看，她肯定是不希望自己的小儿子冒这么大的风险。但大臣们则首先考虑的是国家利益，不遗余力地劝说太后。"**强**"（qiǎng），勉强、勉力。太后作为一个国家的执政者，她当然清楚国家利益之所在，当然知道应把小儿子送去做人质；可她同样是一个母亲，是一个疼爱小儿子的母亲，基于母亲的立场，她在情感上绝对舍不得拿自己的儿子当政治交易的筹码。可惜这一心态不仅没有得到大臣们足够的体谅和尊重，甚至遭到他们的忽略和漠视。尽管文章没有具体提到，我们大致可以想到当时大臣们轮番上阵，以国家大义不断向太后施压。太后理亏，难以敌众，于是被彻底激怒了，她的作为母亲的角色压倒了作为赵国执政者的角色，换言之，感性压倒了理性。最后太后被逼得没办法，直截了当地告诉左右："有再来劝我令长安君为人质的，老太婆我必定吐口水到他脸上。""**老妇**"是太后的自称。这是一个母亲在压力之下的情绪失控。话都说到这种程度了，局面于是僵持。大臣们无疑束手无策，而如狼似虎的秦军就在外头，赵国拖不起，太后又说不通，正是在这种背景下，左师触龙出场了。

左师触龙言愿见太后。太后盛气而揖之。入而徐趋，至而自谢，曰："老臣病足，曾不能疾走，不得见久矣。窃自恕，而恐太后玉体之有所郄也，故愿望见太后。"

左师触龙说他愿意觐见太后。"**左师**"是赵国的官职。太后不能不见，也不能好好地见。文章写得很有趣——"**盛气而揖之**"。"**盛气**"，是非常生气的样子。"**揖**"，是等待之意。太后很生气地等待着触龙，显然，太后已经把心情放到了脸上，她知道触龙的来意，筑起了心理防线，只是在强忍着；所以稍有不慎，一旦话不投机，火药就要被点燃,太后的情绪随时可能爆发。触龙很有做思想工作的经验,首先"**入而徐趋,至而自谢**"。"**徐**"是慢慢地,"**趋**"是小步快走。触龙是臣,太后是君,按照礼节,触龙觐见太后应当快走,但他只有快走的姿势,却无快走的行为,慢慢地挪动。据下文交代,原因是他有脚疾,走不快;其实,可能另有一层用意,就是有意走慢,便于控制节奏和气氛。触龙的游说,从他进宫门后的行走方式就已经开始了。"**至**",是到了太后跟前,"**自谢**",是致歉。触龙道歉:"**老臣病足,曾不能疾走,不得见久矣。窃自恕,而恐太后玉体之有所郄也,故愿望见太后。**""**病足**",指脚有毛病。"**曾**",无实际意义,加强否定的语气。"**自恕**",指自己原谅自己。"**郄**"(xì),不舒服的意思。触龙说,他脚有毛病,不能快走,没见太后很久了,私下自己原谅自己,还是担心太后身体不适,所以希望见见太后。

太后曰:"老妇恃辇而行。"曰:"日食饮得无衰乎?"曰:"恃粥耳。"曰:"老臣今者殊不欲食,乃自强步,日三四里,少益耆食,和于身。"太后曰:"老妇不能。"太后之色少解。

触龙开门没有见山,太后顺着他的话敷衍了一句:"**老妇恃辇而行。**"你不是说脚有毛病吗,我也好不到哪里去,出行都要靠车。触龙又问:"每天胃口该不会衰弱了吧?""**日**",每天。"**得无**",该不会的意思。太后说:"就喝点粥而已。"触龙说:"老臣近来很不想吃东西,于是自个儿勉强散步,每天走个三四里,稍想吃点,对身体来说舒服些。""**今者**",近来。"**殊**",很;"**少**",稍稍;"**益**",更;"**耆**",即嗜,喜欢。太后说:"老太婆我不能。"说到这里,太后的脸色才稍微松懈,气消了点。"**解**",消。

触龙没有直接讲明来意，只是聊家常，讲老年人的日常生活，从这里确实可以看到触龙对于人情有深刻理解。太后正在气头上，越是讲道理，而且道理越是讲得正确，越令太后反感，她就越不讲道理。前面那些大臣之所以把事情弄僵，正是不得其法，只顾道理的正确性，罔顾太后的感受。触龙则有意放开一步，从生活琐事谈起，找共同话题，以拉近两人的心理距离，借此抚平太后过激的情绪。果然，聊了几句后，"**太后之色少解**"。开始时太后"**盛气而揖之**"，一副油盐不进、拒人于千里之外的架势，到现在"**色少解**"，脸色稍微和缓点，意味着太后的心思已经开始活络，适于进一步谈。当然，触龙能以聊家常开始与太后的谈话，也与他的身份、地位有关。他资格老，年龄大，地位高，可以"**入而徐趋**"，可以"**窃自恕**"，太后不会就此责怪他的。

左师公曰："老臣贱息舒祺，最少，不肖；而臣衰，窃爱怜之。愿令得补黑衣之数，以卫王宫。没死以闻。"太后曰："敬诺。年几何矣？"对曰："十五岁矣。虽少，愿及未填沟壑而托之。"太后曰："丈夫亦爱怜其少子乎？"对曰："甚于妇人。"太后笑曰："妇人异甚。"对曰："老臣窃以为媪之爱燕后贤于长安君。"曰："君过矣！不若长安君之甚。"

触龙察言观色，见太后的脸色消下来，知道不那么生气，拒斥感不那么强烈了。于是把转换话题，提出要求："老臣儿子舒祺，最小，不成器。但臣已老了，私下爱怜他，希望他能得以补充卫士的数目，来保卫王宫。冒死把这事说给您听。""**贱息**"，是触龙对儿子的谦称。"**黑衣**"，指卫士，因当时王宫卫士身穿黑衣，所以代指卫士。"**没死**"，即冒着死罪。

太后说:"好啊,多大了?"触龙回答:"十五岁了。虽然还小,希望趁着我还没死前把他托付给太后。"这事儿对太后来说不成问题,她不甚感兴趣。她感兴趣的事,一个垂垂老矣的男人居然和她心思一样,在暮年最放心不下的是小儿子。太后发问:"男人也怜爱他们的小儿子吗?"触龙等的就是太后这样的好奇,故意把话说得强烈,以激发太后,"比妇人还要厉害呢"。太后笑了。居然笑起来,恐怕当时连太后自己也莫名其妙;"**笑**",说明太后内心的防线完全撤下,内心被打开了。太后说:"**妇人异甚**。""**异**",是副词,修饰"**甚**"。太后说:女人才更厉害。触龙没有就这个话题继续,他的本意不是辩论世上到底是男人还是女人更疼爱他们的小儿子;他只是由此来谈父母对子女的真爱应是怎样的。

触龙终于等来了机会,可以把话题往太后身上引了:"**老臣窃以为媪之爱燕后贤于长安君**。"——老臣私下认为老太太您爱您的女儿燕后要胜过长安君。"**媪**"(ǎo),是古代对老年妇女的尊称。"**燕后**",赵太后的女儿嫁到燕国做王后,所以被称为燕后。太后不认同了:"你错了!不如爱长安君那样厉害。"

左师公曰:"父母之爱子,则为之计深远。媪之送燕后也,持其踵,为之泣,念悲其远也,亦哀之矣。已行,非弗思也,祭祀必祝之,祝曰:'必勿使反。'岂非计久长,有子孙相继为王也哉?"太后曰:"然。"

触龙说:"父母爱子女,就要为他们考虑深远。老太太您当初送女儿出嫁,她已经上了车,您还握着她的脚后跟,为她哭泣。惦念、悲伤她嫁得那么远，也够哀痛了。已经嫁走了，不是不思念她，但每逢祭祀您必然会祈祷，祷词说：'一定不要让她回来啊。'您这种矛盾心态，难道不就是考虑久长，希望您女儿有子孙相继在燕国为王吗？"太后说："是这样的。"

"**父母之爱子，则为之计深远**"，是至理名言。爱的方式不正当，爱之足以害之。在触龙看来，太后对待女儿的方式就是典型的长远的爱。太后对女儿的态度也是矛盾的，从情感的角度讲，舍不得女儿离她远嫁，所以"**持其踵，为之泣，念悲其远也，亦哀之矣**"；而从理性的角度讲，太后每逢祭祀却能抑制痛苦的思念，祈祷女儿不被遣返——遣返意味着被废，之所以如此，就是能从长计议，希望女儿的子孙相继为燕王，这可是她女儿作为一国之后最圆满、最理想的结局。太后的做法看似矛盾，实际上是基于对女儿的理性之爱，印证了"**父母之爱子，则为之计深远**"。触龙所言，切中太后内心的隐衷。

左师公曰："今三世以前，至于赵之为赵，赵主之子孙侯者，其继有在者乎？"曰："无有。"曰："微独赵，诸侯有在者乎？"曰："老妇不闻也。""此其近者祸及身，远者及其子孙。岂人主之子孙则必不善哉？位尊而无功，奉厚而无劳，而挟重器多也。今媪尊长安君之位，而封之以膏腴之地，多予之重器，而不及今令有功于国，一旦山陵崩，长安君何以自托于赵？老臣以媪为长安君计短也，故以为其爱不若燕后。"

触龙继续说："从现在算起，一直上溯三代以前赵国开始为赵国的时候，当时赵王的子孙被封侯的，他们的后嗣还有在侯位上的吗?"太后说:"没有。"触龙又问:"不独赵国,其他诸侯国的子孙被封侯的,他们的子孙还有在侯位上的吗?"太后说:"我没有听说过。"触龙的观察包含着巨大的历史感。自战国以来,过去的世袭制逐渐在被淘汰,包括赵国在内的各诸侯国,其王子王孙,再难以单凭优越的出身而长保富贵。换言之,一个人的富贵逐渐在与其出身、血缘脱钩,这是历史变动的结果。

触龙由此总结:"这就是近点灾祸降临在他们自己身上,远点的话就贻祸给子孙。难道人主的子孙们就一定不好吗?是因为,他们地位尊贵而没有功勋,俸禄优厚却没有劳绩,且拥有的重器宝物多。现在老太太您推尊长安君的地位,并且把一国最肥沃的土地封给他,而不趁着现在的机会让他为国立功。一旦您驾崩归天,长安君靠什么在赵国来自己立足呢?老臣认为老太太您为长安君考虑短浅,所以认为您对长安君的爱不如燕后。"

从这段话可以看到触龙说话相当有节制和分寸,他只是就事论事,指出太后对小儿子长安君的爱不如女儿燕后,而没有一句涉及太后不肯放长安君为人质是错误的。这是为避免刺激太后,也是期待太后的自悟。

太后曰:"诺,恣君之所使之。"于是为长安君约车百乘,质于齐,齐兵乃出。

太后说:"好,任凭你的意思来使派长安君。"于是为长安君准备一百乘车,到齐国当人质,齐国军队就派出了。

【简评】

　　本文可谓说服的范例。赵国老臣触龙在执政的赵太后失去理性、变得意气用事的局势下出场，触龙的策略是先抚慰太后的情绪，使之回归正常，因为讲理只有在心平气和的前提下才是奏效的；当人心情越是激动，越易逆理。所以触龙有意放缓行动节奏，从老年人最关心的身体健康问题入手，以解除太后的抵触和戒备心态。

　　然后现身说法，讲自己对小儿子前途的考虑，这一做法效果有多重：一是由散漫的拉家常自然而然地过渡到正题；二则逗引起太后的好奇心，觉得男人怜爱小儿子世上少有，稀奇有趣，从而使心情放松下来；三则通过这个话题来拉近与太后的心理距离，令太后感到两人的立场没有差异，这就容易形成同理心，为太后下一步转变态度奠定基础。作者对太后心态的变化描摹得相当精准、到位，合乎情感的逻辑，最初"盛气"，其后"色少解"，随之又变"笑"，一步步地由紧张到轻松。太后心态的变化，反过来印证了触龙说服策略的有效。

　　最后，触龙从"父母之爱子则为之计深远"的人之常情出发，又以各诸侯国王孙贵族地位的沉浮升降等历史教训为参照，特别是以太后对女儿燕后的理性之爱为对比，指出太后对长安君的爱还不够长远，促使太后决定派长安君为人质。

　　触龙出始至终谈论的都是父母应如何爱子女，无一语涉及长安君该不该当人质，却很自然地令太后做出最有利赵国的决策。一个充满智慧的老臣形象就这样被生动地塑造出来，定格于历史中。

第七讲
《〈项羽本纪〉赞》
——《史记》

太史公曰：吾闻之周生曰"舜目盖重瞳子"；又闻项羽亦重瞳子，羽岂其苗裔邪？何兴之暴也！

夫秦失其政，陈涉首难，豪杰蜂起，相与并争，不可胜数。然羽非有尺寸，乘势起陇亩之中。三年，遂将五诸侯灭秦，分裂天下，而封王侯，政由羽出，号为"霸王"。位虽不终，近古以来，未尝有也。

及羽背关怀楚，放逐义帝而自立，怨王侯叛己，难矣。自矜功伐，奋其私智而不师古，谓霸王之业，欲以力征经营天下，五年，卒亡其国，身死东城，尚不觉寤，而不自责，过矣。乃引"天亡我，非用兵之罪也"，岂不谬哉！

【解题】

赞，是古代的一种文体，本来用于祭祀、礼仪场合，帮助陈情说理。司马迁著《史记》，在人物传记终篇用"赞"来总结和评议人物，推扩了"赞"的用途。按照"赞"这种文体的规范，是赞美、感叹事物，所以篇幅多不长，要求写得简要、清晰。我们这篇选文是《〈项羽本纪〉赞》。项羽，是秦汉之际的中心人物，力能抗鼎，武艺高强，在他的领导下，天下人一举灭掉了残暴而强大的秦帝国；后来又和刘邦争夺天下，最终失败，自刎于乌江。"本纪"，是《史记》的一种体裁，专门记载帝王的，项羽他没有开创新王朝，算不上名正言顺的帝王，但司马迁认为，秦汉之交，事实上是项羽主宰天下，其历史功绩不容抹杀，其历史地位不容忽略，所以不惜破例，用帝王的规格来为他作传。

【讲疏】

项羽一生非常辉煌。他二十二岁时随叔父项梁起义，反抗暴秦；在关键的巨鹿一战中，以破釜沉舟的决心歼灭了秦军主力，打出了威信，成为抗秦义军众望所归的领袖。灭秦的时候项羽才二十五岁，他自称西楚霸王，分封诸侯，政权事实上掌握在他的手上。只是项羽的政治经验不足，没有从容化解内部矛盾，特别是没有解决好刘邦的问题。短暂的和平之后，天下重新陷入战乱中，刘邦组织了针对项羽的统一战线，打了五年，在垓下之战中将项羽彻底击败。项羽非常骄傲，不屑于重头再来，自杀身亡，死的时候年仅三十岁。

古人讲三十而立，三十岁是做事业的起始，因为这个时候人大致成熟了，而项羽在三十岁的时候却把他辛辛苦苦开创的基业败得精光。该怎么评价项羽这个人呢？而且还要在尽可能短的篇幅之内，这需要高度的浓缩和精准的概括。

我们看司马迁这位大历史学家是如何做到的。

太史公曰："吾闻之周生曰：'舜目盖重瞳子。'又闻项羽亦重瞳子。羽岂其苗裔邪？何兴之暴也？"

太史公是司马迁的自称。他们家世世代代都是政府的史官，也就是为政府做历史记载工作的。司马迁说，他曾经从周生这个人那里听说，舜——传说中的圣明天子，眼睛有两个瞳孔。"**盖**"是语气词，没有实际的意思，带有不确定的语气。普通人一只眼睛只有一个瞳孔，有人据现在医学说双瞳孔是白内障，是眼睛有毛病。但古人没有今天的医学常识，他们把双瞳孔看作"异相"。非常之人，其外貌也是非常的。舜，是圣王，他有重瞳子。司马迁又说，他听说项羽也是重瞳子，也有异相。"**羽岂其苗裔邪**"？项羽难道是大舜的后代吗？"**苗裔**"是后代的意思。司马迁的这句话有点莫名其妙，即便项羽是重瞳子，也不能由此断定他就是大舜的后代呀？司马迁是个理性的历史学家，他不可能不知道这个简单的道理，那为什么还如此问呢？理据何在？下面一句话交代了理由，"**何兴之暴也**"？"**兴**"，是兴起、崛起的意思；"**暴**"，是迅猛的意思。这句话同样语气很强烈，相当于是说：如果项羽不是大舜的后代的话，为什么项羽的崛起如此迅猛呢？前面我们说过，项羽只用了三年时间就灭了暴秦，也就是说一个二十五岁的年轻人，仅仅用了三年工夫，就登上了历史的巅峰，这难道不是"**兴之暴**"！

但我们仔细玩味这句话，更奇怪了。难道项羽崛起的势头这么迅猛，单凭他和大舜同为双瞳孔这一点，就能断定他是大舜的后代吗？这个逻辑的谬误一目了然。之所以这么写，无异于在说：如果不是伟大的祖先在冥冥之中托福、保佑，项羽根本不可能在这短时间内迅速崛起。司马迁用故意有违常情常理的话，其实就是为了强调项羽的"**兴之暴**"是前无古人的创举。否则，又该如何去解释呢？

夫秦失其政，陈涉首难，豪杰蜂起，相与并争，不可胜数。然

羽非有尺寸,乘势起陇亩之中,三年,遂将五诸侯灭秦,分裂天下,而封王侯,政由羽出,号为霸王,位虽不终,近古以来,未尝有也。

"**夫秦失其政**",是说大秦帝国失去了它统治天下的合法性。"**陈涉首难**",陈涉就是陈胜,是他和吴广两个人在大泽乡首先举起了反秦的大旗,点燃了葬送大秦帝国的火。"**豪杰蜂起,相与并争**",豪杰指各地有号召力的实力派,他们像群蜂一样趁势而起,"**蜂起**",我们看蜂子总是成群结队的,密密麻麻,数也数不清。大秦帝国失去了人心,所以各大地方实力派趁着这个机会起事,数量庞大,相互争来争去。这是中国历史的一个特点,每当大一统王朝行将崩溃的时候,起来争夺天下的英雄豪杰众多,西汉末年,东汉末年,唐朝末年,元朝末年,皆是如此。所以这段是讲明项羽所面临的时代环境。

那项羽本人又是个什么状况呢?"**然羽非有尺寸**","尺寸",是形容所拥有的资源不多。也就是说项羽起家时纯粹是白手,没有多少资本、凭藉,本钱是不足的。这里有个历史背景要交代一下:项羽叔父项梁起事,自觉声望不够,从民间中把楚国末代国王楚怀王的孙子找出来,奉他为名义上的君主,打着楚国的旗号来行动。项家虽然在楚国世代为将,毕竟秦始皇统一天下后他们已经沦落为平民阶层。所以司马迁说项羽"**乘势起陇亩之中**"。"**陇亩**",即田间,此处喻指民间。项羽不过一介平民,在群雄逐鹿的混乱局势中,趁机起来,论创业的主观条件,他几乎是空白。

"**三年,遂将五诸侯灭秦,分裂天下,而封王侯,政由羽出,号为霸王。位虽不终,近古以来,未尝有也。**"项羽只用了三年时间,就率领五大诸侯,灭掉了强大的秦帝国,随后他主持分封,政令由他而出，号称西楚霸王。尽管他的地位没有延续下去，但这是近代以来所未曾有过的景象。

司马迁以一个伟大历史学家的敏锐的历史感，看出了项羽所创事业的历史意义：世袭贵族的分封制度已经寿终正寝，走到了历史的尽头。你看项羽不过是个毛头小伙子，平民而已，没有任何凭借，短短三年内就率领起义军亡秦，这说明历史不再是贵族来扮演主角，而是平民。"**近古以来，未尝有也**"，这句话是说历史的演进方向在近代发生了巨变，这个巨变是项羽领导完成的。其实，陈胜、吴广在大泽乡起义的时候，喊口号"王侯将相宁有种乎"，已经有开创历史的自觉意识了，但是他们没有获得最终的成功，所以这一创举实际上是在项羽手上得以实现。

再看这几句话，大都是四字句，一气呵成，而又铿锵有力。"**位虽不终**"，稍微有点转折，但随即斩钉截铁地说——"**近古以来，未尝有也**"，真是掷地有声。

及羽背关怀楚，放逐义帝而自立，怨王侯叛己，难矣。自矜功伐，奋其私智，而不师古，谓霸王之业，欲以力征经营天下，五年，卒亡其国，身死东城，尚不觉寤，而不自责，过矣。乃引"天亡我，非用兵之罪也"，岂不谬哉！

总结了项羽由盛及衰、由巅峰跌至谷底的悲剧性命运。那么，项羽是如何一步步走向失败的呢？用今天的话来讲，本来一手好牌，是怎样一步步打输的呢？

第一个原因，"**背关怀楚，放逐义帝而自立，怨王侯叛己**"。项羽进入秦首都咸阳后，把阿房宫一把火烧掉。这个时候，已经要开始考虑善后事宜和新政权建设了。有人劝项羽把新政权的首都定在咸阳，项羽一来觉得咸阳已经残破；二来觉得好不容易打下了江山如不衣锦还乡，虚荣心得不到满足；三来可能觉得咸阳毕竟是秦人的地盘，离自己的老家太远，不大安全。不管什么考虑，总之项羽怀念他的楚国本土，放弃了关中，这就是"**背关怀楚**"。在"**怀楚**"的同时，项羽还嫌各诸侯名义上的最高领袖楚义帝碍事，在没有做好万全安排的情况下，匆匆将他放逐，并指使人在途中将他杀掉。这下给反对项羽的人以口实，抓住此事大做文章，说项羽弑君，有违政治伦理。本来，义帝在项羽掌握中，大可挟天子以令诸侯，把这张政治好牌打好，结果项羽迭出昏招，自己动摇了自己的合法性基础，到了这个地步还去埋怨各大实力派背叛自己——自己不忠于义帝却指望别人忠于他，这不是很难么？

第二个原因，"**自矜功伐，奋其私智，而不师古，谓霸王之业，欲以力征经营天下**"。"**矜**"，是夸耀的意思；"**奋**"，是逞的意思。自己夸耀自己的功绩，仗着个人的一点小聪明、小智慧、小本事，却不知道学习、取法历史的经验教训。这是说项羽骄傲自大，主观私欲膨胀，犯了个人英雄主义的错误。以为霸王的事业，全凭武力就可以掌控天下。项羽敢于杀害义帝，未尝不是基于此，认为谁能干谁力量大，天下就听谁的。后来有个叫陆贾的读书人对刘邦说得很清楚：马上打天下，不能马上坐天下。打江山要靠武力，可是经营、维持江山，单凭武力是不成的。这是项羽的认识误区：迷信武力，蔑视正义。

有了这么多失误，出了这么多昏招，一步步走向没落，"**五年，卒亡其国，身死东城，尚不觉寤，而不自责，过矣**"。五年的工夫，就最终丢了自己的大好江山，死在东城。可是临时之前，还不觉醒，还不自责，还不知道自己为什么失败，这就更错了。死到临头，还不反省。"**乃引'天亡我，非用兵之罪也'，岂不谬哉！**"项羽在自刎乌江前，还对部下说"是上天要灭亡我，不是我打不赢"。这句话确实表现了项羽的骄傲，死也不承认败在刘邦的手上，而说此乃上天的意愿；他直到死也没有真正把刘邦视作他的对手，他认为是在与天斗。这份骄傲是惊人的，固然成就了项羽英雄的人格，也必然造就他覆亡的命运。所以司马迁深为惋惜，都一败涂地、输得精光了，还在说不着边际的大话，还没有觉悟出真实的败因，这难道不荒谬吗？这也是项羽的第三个败因。

【简评】

项羽是秦汉之际的轴心式的人物，如果不把焦点放在他身上，这段历史就不能书写完整。如何评价项羽，也就成为一个大问题，而且还只用短短的两百多个字，更难了。作为影响历史的大人物，后人少不了会从功过是非这一视角来透视。司马迁在这篇文章中也是如此，但他并未简单地一分为二，分论项羽的功绩以及败亡的教训，而是立足于历史的变动来观照个人的作为，所以司马迁的评论很具有历史的厚重感。

司马迁对项羽的崛起表现出很大的惊奇感，他有意假托项羽和舜都是重瞳子这样荒诞不经的"异相"来感叹项羽兴起之"暴"，但这不是不能解释的。项羽身为匹夫，尽管没有多少实力，但利用群雄并争的局面，只用了三年工夫就率领诸侯灭秦，取得了号令天下的地位，究其缘由，在于他能"乘势"。所谓"势"，就是历史创造和提供的际遇。马克思在《路易·波拿巴的雾月十八日》序言中论路易·波拿巴其人，"法国阶级斗争怎样造成了一种局势和条件，使得一个平庸而可笑的人物有可能扮演英雄的角色";如果我们把"法国阶级斗争"替换成"秦末大乱",把"一个平庸而可笑的人物"替换成"一个非有尺寸的平民",同样表达了司马迁的历史认知模式。一言以蔽之,是时势给予项羽以巨大的力量来开创"近代以来未尝有也"的事业。

司马迁并非说个人仅仅是时势的工具,指出项羽在取得号令天下的优势地位后,由于自身的多重失误而葬送了大好基业。

第八讲
《〈孔子世家〉赞》
——《史记》

太史公曰：《诗》有之："高山仰止，景行行止。"虽不能至，然心乡往之。

余读孔氏书，想见其为人。适鲁，观仲尼庙堂、车服、礼器，诸生以时习礼其家，余祗回留之，不能去云。

天下君王至于贤人众矣！当时则荣，没则已焉！孔子布衣，传十余世，学者宗之。自天子王侯，中国言六艺者，折中于夫子，可谓至圣矣！

【解题】

《〈孔子世家〉赞》是司马迁在《孔子世家》终篇所作的赞。孔子在中国历史上的影响力就不用多说了，他几乎就是中国文化的符号。即使是今天中国的伟大复兴，仍然与"孔子"相关，我们国家在海外大力传播、推广自己的文化，就成立了数百家"孔子学院"。

《史记》中有《孔子世家》，记载孔子的生平。"世家"这一体例则是记世袭罔替的贵族之家。照理，应该把孔子放在"列传"中的，为什么却抬入"世家"呢？历史学家钱穆先生解释说："在春秋时，孔子并未封国，也没有土地传子孙，并且也不能像张良、萧何般有爵位；怎么太史公却来写《孔子世家》？这岂不是太史公自破其例之尤吗？但我们到今天，才知太史公见解之伟大。我们今天来到台湾，亦尚有孔子的七十六代孙在台湾；可说在中国，只有此一'世家'永传不绝。此见孔子之伟大，但亦见太史公见识之伟大。"（《中国史学名著》）

【讲疏】

　　太史公曰：《诗》有之："高山仰止，景行行止。"虽不能至，然心乡往之。

　　开篇先引用《诗经》中的名句**"高山仰止，景行行止"**来比拟伟大人物的伟大意义。这句话是说，有崇高德行的伟大人物，像高山一样令人敬仰，像大路一样供人取行。"**止**"，是语气词，没有实际意义；"**景行**"（jǐng háng），大路。"**虽不能至，然心乡往之**"，虽然不能达到，但是无限向往这样的境界。"**乡**"，通"**向**"。

　　余读孔氏书，想见其为人。适鲁，观仲尼庙堂、车服、礼器，诸生以时习礼其家，余祗回留之，不能去云。

　　第二段顺势引到孔子身上。在司马迁看来，孔子就是高山景行式的圣人，读孔子的书，就能想见作者之为人。孔子其实是述而不作的，没有专门阐发他自己思想的著作传世。能见孔子思想的，一是经他亲手删定整理的书籍，如历史类的《春秋》；再就是他的学生记载其言行的《论语》。司马迁景仰孔子，把书读进去了，于是就把作者都读出来了。

司马迁虽然是个历史学家，但他不钻故纸堆，他读书有怀疑和批判精神；同时他还重视实地考察，他曾经漫游全国，亲自到历史遗迹去作考察，还找过一些历史事件的参与者作口述实录，类似于今天人类学家的田野调查。他读孔子，想见其为人，禁不住要去孔子的故居作调研和考证。这不是发思古之幽情，而是以这种方式跨越时空，进入历史，使历史具体化。

"**适鲁，观仲尼庙堂、车服、礼器。诸生以时习礼其家，余祇回留之，不能去云。**"孔子是春秋时鲁国人，司马迁前往鲁国故地，特意参观祭祀孔子的庙堂，以及孔子所遗留下来的车服和礼器；特别是见到当地的信奉、传承孔子思想的儒生按时在孔子家演习礼仪——我们可以想见，庙堂之中，气氛庄严，那些儒生们毕恭毕敬，一丝不苟，行礼如仪，态度虔诚，神情肃穆，从这气氛、从这表现中，司马迁感受到了礼教所带来的震撼心灵的巨大力量，进一步，更感受到作为礼教精神建构者的孔子的伟岸形象。礼的意义，不是思想性的，而是实践性的，唯有经过不间断的演练才能臻于纯熟之境，才能在举手投足中透露出情感之真诚和艺术之精美。所以，这样不间断的演练，既是对人外在行为的规范，也是对人内在心灵的陶铸。司马迁目睹亲沐此等庄严、圣洁的景象，"**祇回留之，不能去云**"，徘徊留连，不忍离开。

司马迁的观感，和东晋史学家习凿齿见一代高僧道安法师是类似的，我们把习凿齿的话选录如下，以作对比："师徒数百，斋讲不倦。无变化技术可以惑常人之耳目，无重威大势可以整群小之参差；而师徒肃肃，自相尊敬，洋洋济济，乃是吾由来所未见。"道安不是靠神通法术炫惑人，不是靠权力威势震慑人，全由他自身的人格魅力赢得门徒的敬仰并以此带动、形成了"自相尊敬"的氛围；而孔子超迈道安之处在于，尽管已辞世几百年，但是其流风余韵仍能陶铸和范导鲁国的儒生。或者说，孔子的影响溢出了他的时代，他未曾从历史中"退场"。

意已至此，下面自然要直接大发感叹了。

天下君王至于贤人众矣！当时则荣，没则已焉！孔子布衣，传十余世，学者宗之。自天子王侯，中国言六艺者，折中于夫子，可谓至圣矣！

司马迁说：普天之下的君王以及一般贤人，太多了。也就是说，有权势、有才德、有声望的人比比皆是，但这类人有个共性：生前固然荣耀，死后随之消散。就如同《三国演义》开卷词所说的："滚滚长江东逝水，浪花淘尽英雄。"滚滚长江好比永恒的历史，任凭你是多大的英雄，历史能推你到浪尖，也能最终把你淹没。人终归会消失在历史中。我们回看一下，这几十年来中国的发展简直是一日千里，变化太大、太快、太剧烈了。三四十年前煊赫无比的风云人物，到今天还有几个能被我们记着呢。我们这个时代整天受媒体追捧、聚焦的精英们，再过个几十年，是否还会被未来的人提及呢？

司马迁并非要说明历史是虚无的，而是以这些荣耀仅仅止于生前的大人物们的"速朽"来反衬孔子的"不朽"。

和以上泛举的那类高贵者相比，孔子论身份不过**布衣**，也就是平民，卑微得多。要说的是，这不完全符合史实。孔子并非平民，其祖上也阔过，曾是宋国一等一的贵族，后来家道才逐渐衰落，每况愈下。孔子自道"吾少也贱，多能鄙事"，为权贵家管过仓库，放过牛羊，但这只是在他的青少年时代；成年后的孔子地位不断上升，也到了大夫这一级别，名闻天下，备受礼遇，所以孔子不算严格意义上的平民。当然，相对于"**天下君王**"这类人来说，要逊色得太多。

"**传十余世，学者宗之**。"孔子尽管没有留下世袭的封地，其家却往下传了十多代，他在思想文化上的影响力也在与时俱增。"**学者**"也就是读书人、文化人，敬仰他，尊崇他。

非但如此，"**自天子王侯，中国言六艺者，折中于夫子，可谓至圣矣！**"从天子王侯起始，一直到整个国家研究"六艺"的人，仍都把孔子的思想观念当作裁判的标准。"六艺"，是孔子教授弟子的六种经典，分别为《诗》《书》《礼》《乐》《易》和《春秋》。"**折中**"，是取为标准的意思。孔子可以说是"**至圣**"了，"**至圣**"是圣人中的圣人，至高无上的圣人，这是司马迁对孔子历史地位的定评。

【简评】

在本文中，司马迁表达了他对孔子的无限敬仰。敬仰之情是很难表达的，要么沦为阿谀，要么沦为俗套，但司马迁写得既真挚恳切，又别致独到。如果没有对中国历史、文化的透彻认知，以及对孔子人格和学说的真诚服膺，是做不到这一点的，而司马迁恰好两者兼具。

司马迁首先引用《诗经》中的句子，赞孔子如高山大路，喻孔子的崇高与伟大。次则以亲身经历为例，写到孔子故里的见闻，鲁地的儒生在孔子逝后数百年仍然以虔敬的态度演习着孔子毕生宣扬的礼，孔子的影响不言自明。又以自己的"祇回留之，不能去云"写沐浴于圣泽中心灵所受的强大震撼，进一步烘托孔子所散发的超越时空的精神力量。最后又转以天下的君王贤人与孔子比较，尽管孔子没有赫赫权势，仅仅是一介布衣，但传十余世，且令后代学者自发尊崇，取得了思想文化领域的裁判权，足令君王贤人们瞠乎其后、望尘莫及，可谓当之无愧的"至圣"。

这三个层面，角度不一，而又环环相扣。行文一唱三叹，摇曳多姿，下笔空灵而又情意饱满。形式上不是诗，但处处洋溢着诗意。

第九讲
《管仲列传》
——《史记》

管仲夷吾者,颍上人也。少时常与鲍叔牙游,鲍叔知其贤。管仲贫困,常欺鲍叔,鲍叔终善遇之,不以为言。已而鲍叔事齐公子小白,管仲事公子纠。及小白立为桓公,公子纠死,管仲囚焉。鲍叔遂进管仲。管仲既用,任政于齐,齐桓公以霸,九合诸侯,一匡天下,管仲之谋也。

管仲曰:"吾始困时,尝与鲍叔贾,分财利多自与,鲍叔不以我为贪,知我贫也。吾尝为鲍叔谋事而更穷困,鲍叔不以我为愚,知时有利不利也。吾尝三仕三见逐于君,鲍叔不以我为不肖,知我不遭时。吾尝三战三走,鲍叔不以我为怯,知我有老母也。公子纠败,召忽死之,吾幽囚受辱,鲍叔不以我为无耻,知我不羞小节而耻功名不显于天下也。生我者父母,知我者鲍子也。"

鲍叔既进管仲,以身下之。子孙世禄于齐,有封邑者十余世,常为名大夫。天下不多管仲之贤而多鲍叔能知人也。

管仲既任政相齐,以区区之齐在海滨,通货积财,富国强兵,与俗同好恶。故其称曰:"仓廪实而知礼节,衣食足而知荣辱,上服度则六亲固。四维不张,国乃灭亡。下令如流水之原,令顺民心。"

故论卑而易行。俗之所欲，因而予之；俗之所否，因而去之。

其为政也，善因祸而为福，转败而为功。贵轻重，慎权衡。桓公实怒少姬，南袭蔡，管仲因而伐楚，责包茅不入贡于周室。桓公实北征山戎，而管仲因而令燕修召公之政。于柯之会，桓公欲背曹沫之约，管仲因而信之，诸侯由是归齐。故曰："知与之为取，政之宝也。"

管仲富拟于公室，有三归、反坫，齐人不以为侈。管仲卒，齐国遵其政，常强于诸侯。

【解题】

本文是《史记·管晏列传》的节选，取的是有关管仲的部分。管仲是春秋时齐国名相，辅佐齐桓公，对内改革，强大国力；对外则以"尊王攘夷"的名义纠合诸侯，对抗外族，维持华夏文化共同体的凝聚和稳定，使斯文不坠。孔子就此曾赞"微管仲，吾其被发左衽矣"，认为要是没有管仲的话，华夏就可能沦为蛮夷。管仲有这么辉煌的事业，便成为标杆性的人物，后代许多想有作为的政治家每每自比于管仲。

【讲疏】

管仲夷吾者，颍上人也。少时常与鲍叔牙游，鲍叔知其贤。管仲贫困，常欺鲍叔，鲍叔终善遇之，不以为言。已而鲍叔事齐公子小白，管仲事公子纠。及小白立为桓公，公子纠死，管仲囚焉。鲍叔遂进管仲。管仲既用，任政于齐，齐桓公以霸，九合诸侯，一匡天下，管仲之谋也。

管仲，字夷吾，颍上人。年轻时与鲍叔牙交游，鲍叔牙了解管仲的贤能。管仲家里贫苦，经常欺骗鲍叔牙，但鲍叔牙始终善待他，不把这事拿出去说。后来鲍叔牙侍奉齐公子小白，管仲侍奉公子纠。等小白被立为国君，公子纠身死，管仲被囚禁。鲍叔牙于是向齐桓公举荐管仲。管仲被齐桓公大用，执掌齐国内政，齐桓公由此得以称霸，多次纠合诸侯，匡正天下，这都是管仲的谋划。

本段先简要叙述了管仲的生平。

管仲曰："吾始困时，尝与鲍叔贾，分财利多自与，鲍叔不以我为贪，知我贫也。吾尝为鲍叔谋事而更穷困，鲍叔不以我为愚，知时有利不利也。吾尝三仕三见逐于君，鲍叔不以我为不肖，知我不遭时。吾尝三战三走，鲍叔不以我为怯，知我有老母也。公子纠败，召忽死之，吾幽囚受辱，鲍叔不以我为无耻，知我不羞小节而耻功名不显于天下也。生我者父母，知我者鲍子也。"

对鲍叔牙的知遇，管仲心知肚明。管仲说：我起初不得志的时候，曾与鲍叔牙一起经商，分钱的时候自己常多拿点，但鲍叔牙不认为我贪婪，知道我贫穷。我曾经为鲍叔牙谋事，而结果是鲍叔牙更窘迫了，但鲍叔牙不认为我笨，知道时机有利有不利。我曾经多次做官多次被国君免职，但鲍叔牙不认为我不才，知道我时运不好。我曾经多次参战多次逃跑，但鲍叔牙不认为我胆怯，知道我还有老母在世要留命尽孝。公子纠失败，召忽为他而死，我被囚受辱，但鲍叔牙不以为我不知羞耻，知道我不拘小节而以功名不显于天下为耻辱。生我的是父母，但是了解我的乃是鲍叔牙！

这段写管仲披沥心声,把他和鲍叔牙非凡的际遇娓娓道来,很见感情;同时也是借管仲之口,写鲍叔牙的知人之明和待友之诚。没有鲍叔牙,就没有管仲后来辉煌的事业。管仲的前半生几乎倒霉透顶,诸如欺友、帮倒忙、几次被免、临阵逃亡以及不死君难、改换门庭等,每一件事单独拿出来都足以使人质疑他的人品和才能,但鲍叔牙从未丧失对管仲的信心,而充分了解他的隐衷,一而再、再而三地宽容、谅解,提携不遗余力。这样对朋友的推重是世所罕见的。以鲍叔牙的立身之道,绝不会把为管仲所做的事、所说的话当众宣扬,如果管仲不说,世人也绝不会知道鲍叔牙卓荦奇伟的为人,而管仲也不计较他身为齐相的高贵身份,把他从前的落魄一一说出,使鲍叔牙其人崭然永存于世,同样称得上不负良友。

鲍叔既进管仲,以身下之。子孙世禄于齐,有封邑者十余世,常为名大夫。天下不多管仲之贤而多鲍叔能知人也。

鲍叔牙已举荐管仲,却甘居管仲之下。鲍叔牙的子孙世代在齐国入仕享有俸禄,十多代都有封地,常为齐国的名大夫。所以天下人不称赞管仲的贤能,而颂扬鲍叔牙的知人之明。"**多**",称赞的意思。

本段捎带一笔,写鲍叔牙家族在齐国代有人才。这是说鲍叔牙德行高尚,福泽深厚,荫庇后人。

管仲既任政相齐,以区区之齐在海滨,通货积财,富国强兵,与俗同好恶。故其称曰:"仓廪实而知礼节,衣食足而知荣辱,上服度则六亲固。四维不张,国乃灭亡。下令如流水之原,令顺民心。"故论卑而易行。俗之所欲,因而予之;俗之所否,因而去之。

管仲在齐国执政,以地处海滨的区区齐国,发展贸易,积聚财富,富国强兵,施政能与百姓同好恶。所以他说:"仓库充实,人就懂得礼节。衣食富足,人就懂得荣辱。居于上位者遵循礼法,则六亲自然和睦、稳固。礼、义、廉、耻得不到伸张,国家就要灭亡。国家颁布的政令像流水的源泉一样畅通无阻,是因为它能顺应民心。"因为道理浅显,所以容易实行。百姓所要求的,就顺应他们的愿望来供给;百姓所反对的,就顺应他们的愿望放弃它。

本段写管仲的施政理念。

其为政也,善因祸而为福,转败而为功。贵轻重,慎权衡。桓公实怒少姬,南袭蔡,管仲因而伐楚,责包茅不入贡于周室。桓公实北征山戎,而管仲因而令燕修召公之政。于柯之会,桓公欲背曹沫之约,管仲因而信之,诸侯由是归齐。故曰:"知与之为取,政之宝也。"

"**其为政也,善因祸而为福,转败而为功。贵轻重,慎权衡。**"这说的是管仲的执政风格:善于因祸为福,转失败为成功。重视事情的缓急,慎重比较。

"**桓公实怒少姬,南袭蔡,管仲因而伐楚,责包茅不入贡于周室。**"桓公宠爱的蔡姬陪桓公乘船游览,仗着熟知水性,故意摇荡船只,惊吓了桓公,桓公一怒之下,把她逐回蔡国,蔡君却将蔡姬改嫁,为此桓公亲率诸侯发动对蔡的战争,而管仲则借机引军攻楚,找的理由是楚国停贡周王室包茅。

"**桓公实北征山戎,而管仲因而令燕修召公之政。**"山戎曾侵燕国，桓公率诸侯救燕，北伐山戎，管仲借机要求燕国修复其始祖召公的政令。

"于柯之会，桓公欲背曹沫之约，管仲因而信之，诸侯由是归齐。"齐桓公与鲁庄公在柯这个地方会盟，鲁国的曹沫挟持齐桓公，强迫他归还齐国侵占鲁国的土地，其后齐桓公想爽约，管仲力阻，按照约定归还鲁地，由此取信于诸侯。

故曰："知与之为取，政之宝也。"以上三件事充分表现了管仲作为大政治家的高超的政治艺术，顺着齐桓公的意气用事和荒唐行径，将其提升为堂皇、正义的事业，使齐国师出有名，以帮助诸侯修明内政为务，并能做到重约守信。齐桓公之所以能成为春秋的第一个霸主，齐国之所以能赢得诸侯的拥戴，除却它强大的国力外，与管仲的政治艺术也大有关系。

所以，"知道用先给予的方法来取得自己想要的，这是为政的法宝"。

管仲富拟于公室，有三归、反坫，齐人不以为侈。管仲卒，齐国遵其政，常强于诸侯。

管仲自家的富庶可与公室相比，在排场上也不亚于公室，即使如此，齐国人也不认为他奢侈。管仲死后，齐国沿用他的政策，常雄强于诸侯间。

【简评】

本文是管仲的个人传记，但在写法上与一般的传记不同，只是简要勾勒管仲的生平，并无传记中常见的最能展示传主风采、性格的典型事迹，这可能是存世的有关管仲的可靠史料不多，不好着笔。

司马迁的重心有二：

一是写管仲和鲍叔牙传奇式的关系。管鲍之交到今天都已是知己的代名词，是友谊的最佳写照。司马迁之所以对此情有独钟，着力抒写，或许与他本人的特殊经历相关。司马迁对历史上人在患难中所得援助的故事格外关注、动情，感触良多，因为这是安慰绝望心灵的温暖，而他在最需要、最期盼的时候却未得到过。司马迁并未采用一般的叙事格式，按照时间顺序来交代此事的始末，而是令管仲自己发声，现身说法，从管仲的独白中读者更能感受到鲍叔牙的高节和可贵。

二是概述管仲高超的政治艺术，并证以相关史实。这么写，既很好地回应了鲍叔牙的知人之明，顺便又总结了管仲辅佐齐桓公称霸的原因。更重要的是，管仲的这种政治艺术符合司马迁的治平理想。司马迁及其父司马谈高度认可道家的思想，他们归纳道家要旨为"以虚无为本，以因循为用"。而管仲治国理政之术，就正好是善"因"——"其为政也，善因祸而为福，转败而为功"。

尽管这篇传记叙述简略，但管仲其人还是比较丰满的。管仲和鲍叔牙卓绝奇伟的交谊足令两人的风采永不被时间所冲刷和磨洗，而管仲的政治智慧则使他生色于春秋的历史舞台，备受后人敬仰和追慕。

第十讲
《诫兄子严敦书》
——马援

兄子严、敦，并喜讥议，而通轻侠客。援前在交趾，还书诫之曰："吾欲汝曹闻人过失，如闻父母之名，耳可得闻，口不可得言也。好议论人长短，妄是非正法，此吾所大恶也，宁死不愿闻子孙有此行也。汝曹知吾恶之甚矣，所以复言者，施衿结缡，申父母之戒，欲使汝曹不忘之耳！

龙伯高敦厚周慎，口无择言，谦约节俭，廉公有威。吾爱之重之，愿汝曹效之。杜季良豪侠好义，忧人之忧，乐人之乐，清浊无所失。父丧致客，数郡毕至。吾爱之重之，不愿汝曹效也。效伯高不得，犹为谨敕之士，所谓'刻鹄不成尚类鹜'者也。效季良不得，陷为天下轻薄子，所谓'画虎不成反类狗'者也。

讫今季良尚未可知，郡将下车辄切齿，州郡以为言，吾常为寒心，是以不愿子孙效也。"

【解题】

《诫兄子严敦书》是东汉开国功臣马援在交趾前线作战时写给两个侄儿的一封家书。主要是谈青少年的思想教育问题，要两个侄儿选好榜样，注意言行，为人不可放荡，立身必须谨慎。

【讲疏】

兄子严、敦，并喜讥议，而通轻侠客。援前在交趾，还书诫之曰：

马援的两个侄儿马严、马敦，都喜欢议论人，而且还好与侠客之流交往。这里有必要解释一下"侠客"，秦汉时代的侠，不同于今天的武侠。秦汉时代的侠客，是民间私相聚集的有组织的人力集团，此辈中人，通常轻财好义，守信重诺，交游广阔，这是他们可贵的地方。但他们自成一系，在地方上有很大的势力，往往把自家小圈子的道德和利益放在第一位，抵触政府法令，干犯禁令，以致与政府形成对抗之势，战国时代的思想家韩非子就说过：儒以文乱法，侠以武犯禁。西汉开国后，随着国家力量逐渐恢复，加强了社会控制的力度，侠作为游离于法令之外的社会力量，一直处于政府的严厉取缔和打击之列。汉武帝时代整个天下最有威望的大侠郭解，就曾受到武帝君臣的重点关注和处理。尽管如此，侠的快意恩仇、拔剑行义、四海之内皆兄弟的生活方式，总能吸引到血气方刚而又出身豪门的青年人。非但马援的两个侄儿如此，一百多年后的袁绍、曹操在其青年时代也都有过一段任侠的跋扈飞扬的岁月。再过了一千五百多年，在成书于清代乾隆年间的《儒林外史》中，都还描写过仰慕侠士的贵介公子。

马援是国家重臣，处在政治结构的顶端，他当然知道像他们这类阶层的子弟率意议论、沾染侠风的潜在风险。所以马援人在交趾领军作战，对家中的子弟放心不下，特意写家书来告诫。"**交趾**"在今天的越南北部，历史上一度归中国直辖。

吾欲汝曹闻人过失，如闻父母之名，耳可得闻，口不可得言也。

马援说：我要你们听到他人的过失，就好像听到父母的名字一样，耳朵可以听，口不能说。这是叔父写给侄子的家书，不必讲客套话，所以一上来马援针对两个侄儿好议论他人过失的习性，直接提出他的期望和要求：要像对父母之名一样，可听但不可说。意思是，对待他人过失，是个非常严肃的事情，不可随便议论，而应慎之又慎。东汉非常重视儒家伦理，儒家伦理中父子关系是主轴，子女对父母的道德义务是孝，此为人之立身处世的基础，不孝意味着"非人"了；而孝的一大具体要求是不能直呼父母之名，否则大不敬。为什么马援要侄子这样慎重地对待他人过失呢？其一，可能是有意矫正青年轻薄、浮夸的习性。青年人惯于通过贬低他人来抬高自己，议论他人过失，无非是标榜自己的高明。这种做法不厚道。其二，人的长短是非不是那么轻易能断定的，尤其是年轻人，更不具备相应的资格和能力。随便议论，信口开河，这种做法不聪明。其三，在背后随便议论他人的是非短长，难保不会被添油加醋地传入其人之耳，平白得罪人。这种做法不安全。两个侄儿年纪还轻，阅历不足，不知轻重，马援是过来人，深明其中利害，当然有必要提醒、告诫他俩。

好议论人长短，妄是非正法，此吾所大恶也，宁死不愿闻子孙有此行也。

马援接着说：好议论他人的长短，妄自臧否朝廷的法令，这是我所深恶痛绝的，我宁愿死也不想子孙有这样的行为。"**是非**"是动词，褒贬、臧否的意思。"**正法**"，指朝廷的政策法令。以马严、马敦的出身，关心时政是分内的事，但如果由此发展到胡乱评论朝廷大政方针的地步，这不是个脑子犯糊涂的问题，更是不自量力，不明深浅，甚至有可能贻祸整个家族。对此马援不能不防，所以严正表明态度：这种行为是他深恶痛绝、宁死也不愿子孙有的。

汝曹知吾恶之甚矣，所以复言者，施衿结缡，申父母之戒，欲使汝曹不忘之耳！

马援又说：你们知道我极度厌恶，之所以反复说，好比女儿出嫁时父母的告诫一样，是想叫你们不要忘了。"**施衿结缡**"，"**衿**"是身上的佩带；"**缡**"（lí）是配巾。该句是说，父母送女儿出嫁，为她结好衣带，挂好配巾，这体现了父母真挚的关爱。

龙伯高敦厚周慎，口无择言，谦约节俭，廉公有威。吾爱之重之，愿汝曹效之。杜季良豪侠好义，忧人之忧，乐人之乐，清浊无所失。父丧致客，数郡毕至。吾爱之重之，不愿汝曹效也。

马援说：龙伯高这个人，敦厚慎重，出口没有错误的言论，谦逊节制，廉洁公道有威望。我爱慕他，敬重他，希望你们能效仿他。龙伯高是马援时代一个有名望的人。"**口无择言**"和"**口不择言**"有别，"**口不择言**"是形容因忙乱慌张而说话出错，这里的"**择**"是选择的意思，不事先选择合适的话就脱口而出；"**口无择言**"，意思是凡出口的没有可被人指责的话，这里的"**择**"，通"**殬**"（dù），败坏的意思。龙伯高是个正人君子，厚道谨慎，所以说话非常注意，不会随便伤到他人。

杜季良这个人，有豪侠之风，好讲义气，把他人的忧愁当成自己的忧愁，把他人的快乐当成自己的快乐，无论是洁身自好的人还是行为放荡的人都能很好地结交。杜季良的父亲去世，操办丧事，几个郡的朋友都来吊丧。我爱慕他，敬重他，但不想你们效仿他。**"忧人之忧，乐人之乐"**，是典型的豪侠作风，重感情，讲义气，能够与人同忧乐，把别人的事当成自己的事。"清浊无所失"，"清浊"是东汉时社会对人的一种分类。"清"说的是敦品砺行的人，此类人一般洁身自好，有所不为；"浊"说的是不重操守的人，言行上比较随便、放荡。"清浊无所失"是说杜季良交朋结友没有选择性和倾向性，不拒绝，相对杂乱，三教九流的人都能合得来。

效伯高不得，犹为谨敕之士，所谓"刻鹄不成尚类鹜"者也。效季良不得，陷为天下轻薄子，所谓'画虎不成反类狗'者也。

龙伯高和杜季良是极端相反的两类人。马援很理性，能客观欣赏两个人身上超于常人的优点，都爱慕、敬重，不分彼此。但作为欣赏的对象是一回事，作为学习的对象又是另一回事，尤其是青少年的学习对象，马援希望两个侄儿学习龙伯高，不希望效法杜季良。原因何在呢？

"效伯高不得，犹为谨敕之士，所谓'刻鹄不成尚类鹜'者也"——学习龙伯高不到位，至少还能够成为一个谨慎的人，好比"雕刻天鹅不成功毕竟像只野鸭"。"鹄"是天鹅，"鹜"是野鸭。天鹅和野鸭这两种飞禽，一个珍稀，一个普通，外形上差距还不太大。马援的意思是，龙伯高谨言慎行，为人一丝不苟，严肃认真，学习他即使没学到精髓，但至少可以做到规规矩矩、本本分分的，如野鸭之于天鹅，面上可以学得较为相似。这种立身的风格，自保是有余的。

但学习杜季良就大不一样了。"**效季良不得，陷为天下轻薄子，所谓'画虎不成反类狗'者也。**"学习杜季良不到位，极容易沦为轻薄肤浅的人，好比"画虎不成反而像只狗"。虎和狗这两种动物，其差别不仅仅在于力量的大小和威势的高下，还有境界、气度的不同。狗，在大众的心目中，一副俯首帖耳、摇尾乞怜的样子，形象卑下、猥琐。没学到杜季良的精髓，容易变成轻薄无行之徒，好像狗之于虎。

讫今季良尚未可知，郡将下车辄切齿，州郡以为言，吾常为寒心，是以不愿子孙效也。

迄今为止，杜季良的结局、下场究竟是怎样的，还无法预知。当地长官一就职，就对他咬牙切齿，非常痛恨。

"**郡将**"，指杜季良所居州郡的长官。"**下车**"，是就任的意思。不但长官痛恨杜季良，州郡舆论也是人言啧啧。也就是说，杜季良尽管侠名满天下，但上至地方长官下至一般平民，对他均无好感，在各方眼中，杜季良事实上是当地一霸。基于此，马援说"**吾常为寒心**"，常常感到寒心——无论如何，像杜季良那样的"任侠"得不到主流社会的正面承认，所以不愿意子孙学习杜季良。

本段是进一步以杜季良的前途叵测来告诫侄儿，学杜季良没有好结果。

【简评】

　　子弟的教育一向是中国古代世家大族最关注的头等问题，子弟的成人、成才与否，直接关系到家族的前景、命运。明智之士在这个问题上是绝不忽视的。像马援，人在前线作战，军务倥偬之际，仍然对家中两个侄儿放心不下，特意大老远地写信叮咛，他是不敢有丝毫的放松。

　　马援在这封信中所谈的是人格养成。人格养成，对还未定性的青少年来说，其实就是"学样"——学他们所崇拜之人的样子。家世优越的年轻人，比平民享有更多的便利和自由，他们大半不愿谨言慎行，成天摆出老成稳重的模样，而很自然地向往侠客那种率性、慷慨、豪爽、快意的生活方式，不是君子龙伯高而是大侠杜季良，更容易成为马严和马敦之辈取法的榜样。这是马援最担心的地方。

　　青少年缺乏足够的定力和认识，杜季良式的任侠在他们身上很可能就由洒脱的率意流为无行，由深沉的慷慨变成轻薄，所以马援要求两个侄儿不要学杜季良，去学龙伯高。马援并未就此抬高一个，贬低一个，而是对这两个立身风格极端相反的人都有真诚的欣赏和认可。这是马援的宽容与睿智，也是可贵的教育方法，不以尊长的架势粗暴地否定侄儿们心目中的偶像。为什么要学龙伯高而不学杜季良？马援也没有板起面孔讲一大通年轻人不爱听的大道理，仅仅打了很俏皮、尖锐也非常形象生动的两个比方，"刻鹄不成反类鹜"与"画虎不成反类狗"，以此提醒学龙伯高至少可以保证有模有样，守得住做人的下限，而学杜季良则极有可能不像个样。

　　整篇书信马援写得朴实，恳切，语重心长，谆谆告诫。这种文风，和他对侄子为人风格的要求是一致的。

第十一讲
《出师表》
——诸葛亮

先帝创业未半而中道崩殂,今天下三分,益州疲弊,此诚危急存亡之秋也。然侍卫之臣不懈于内,忠志之士忘身于外者,盖追先帝之殊遇,欲报之于陛下也。诚宜开张圣听,以光先帝遗德,恢弘志士之气,不宜妄自菲薄,引喻失义,以塞忠谏之路也。

宫中府中,俱为一体,陟罚臧否,不宜异同。若有作奸犯科及为忠善者,宜付有司论其刑赏,以昭陛下平明之理,不宜偏私,使内外异法也。

侍中、侍郎郭攸之、费祎、董允等,此皆良实,志虑忠纯,是以先帝简拔以遗陛下。愚以为宫中之事,事无大小,悉以咨之,然后施行,必得裨补阙漏,有所广益。

将军向宠,性行淑均,晓畅军事,试用之于昔日,先帝称之曰能,是以众议举宠为督。愚以为营中之事,悉以咨之,必能使行阵和睦,优劣得所。

亲贤臣,远小人,此先汉所以兴隆也;亲小人,远贤臣,此后汉所以倾颓也。先帝在时,每与臣论此事,未尝不叹息痛恨于桓、灵也。侍中、尚书、长史、参军,此悉贞良死节之臣,愿陛下亲之信之，则汉室之隆，可计日而待也。

臣本布衣，躬耕于南阳，苟全性命于乱世，不求闻达于诸侯。先帝不以臣卑鄙，猥自枉屈，三顾臣于草庐之中，咨臣以当世之事，由是感激，遂许先帝以驱驰。后值倾覆，受任于败军之际，奉命于危难之间，尔来二十有一年矣。

先帝知臣谨慎，故临崩寄臣以大事也。受命以来，夙夜忧叹，恐托付不效，以伤先帝之明，故五月渡泸，深入不毛。今南方已定，兵甲已足，当奖率三军，北定中原，庶竭驽钝，攘除奸凶，兴复汉室，还于旧都。此臣所以报先帝而忠陛下之职分也。至于斟酌损益，进尽忠言，则攸之、祎、允之任也。

愿陛下托臣以讨贼兴复之效，不效，则治臣之罪，以告先帝之灵。若无兴德之言，则责攸之、祎、允等之慢，以彰其咎；陛下亦宜自谋，以咨诹善道，察纳雅言，深追先帝遗诏，臣不胜受恩感激。

今当远离，临表涕零，不知所言。

【解题】

《出师表》又名为《前出师表》，是蜀主刘禅建兴五年（公元227年），诸葛亮第一次出师北伐之际所上的表文。"表"，古代一种应用性的文体，用于臣对君的陈情。

【讲疏】

先帝创业未半而中道崩殂，今天下三分，益州疲弊，此诚危急存亡之秋也。

"**先帝**"是指蜀汉政权的开创者刘备。刘备以恢复汉室为己任，他开创的事业没到一半，中途就撒手而去。"**殂**"（cú），帝王的去逝。现在天下分为蜀汉、东吴和曹魏三个并立的政权，而"**益州**"也就是蜀汉，在实力上相较其余两家更为虚弱，这确实是处在危亡、急迫的时候。"**疲弊**"，指人员物资的短缺，其意是实力上的虚弱。"**秋**"，时候，时节。

诸葛亮开篇交代蜀汉政权面临的形势，坦陈自家的"**疲弊**"，并说处于"**危急存亡之秋**"，这并非诸葛亮危言耸听。既是客观事实——在鼎足而立的三国中，蜀汉所辖疆域最小，人口数量最少，实力最弱；也是诸葛亮素来所怀抱的忧患意识使然。中国古代的贤人君子，通常都有"居安思危"的观念，就是防止精神的懈怠，避免贪图安逸，而遗忘危机的到来。

然侍卫之臣不懈于内，忠志之士忘身于外者，盖追先帝之殊遇，欲报之于陛下也。

尽管蜀汉面临很大的危机，诸葛亮还是看到了令人振奋的地方，这就是全国上下激昂的精神状态。诸葛亮随即下一转语：但是侍卫之臣在国内勤勉不懈，忠诚的将士在前线舍生忘死，奋不顾身，这是因为他们追念先帝破格的待遇，想要有所报答于陛下。

蜀汉政权虽有外患，所幸的是内外的文臣武将都勤勉、奋发、忠诚、英勇；他们之所以如此，是因为先帝曾对他们有过破格的、特殊的恩遇，所以他们知恩图报，即使先帝逝世，也继续向他的继嗣效忠，这是对先帝的报答。诸葛亮之所以这么说，一方面是赞扬蜀汉内部的团结、忠义，另一方面也是在委婉地提醒后主刘禅：大臣将士们其实是看在先帝的分上矢志效命，而不是基于他本人。后主应有所作为，效仿先帝，靠自己的诚意和力量赢得大臣将士们的进一步的拥戴。话已至此，下文很自然地过渡到对刘禅的期待。

诚宜开张圣听，以光先帝遗德，恢弘志士之气，不宜妄自菲薄，引喻失义，以塞忠谏之路也。

"**开张圣听**"，扩大听闻范围的意思，即扩大言路，尽可能多地听取方方面面的意见。"**诚宜**"，确实应该。"**恢弘**"，发扬、激励。"**菲薄**"，轻视、轻贱。"**引喻**"，称引譬喻，即讲话。诸葛亮接着劝喻刘禅：您确实应该广泛听取意见，来光大先帝遗留的美德，激励志士们的士气，而不应该胡乱地自己看轻自己，说话不恰当，而堵塞了忠心进谏的言路。

从本段可见刘禅平时不善于激发士气，乃至有沮丧人心的情形；说话也不大恰当、合理，令那些忠诚进言的大臣们灰心。诸葛亮本人在朝时，还能随时引导、规训刘禅，现要率军南征，由于他的缺位，刘禅就有可能故态复萌，处事乖张，激化矛盾。诸葛亮不能不忧心忡忡，所以谆谆告诫，期待刘禅能幡然改进，这段话体现了诸葛亮的老成谋国。

宫中府中，俱为一体，陟罚臧否，不宜异同。若有作奸犯科及为忠善者，宜付有司论其刑赏，以昭陛下平明之理，不宜偏私，使内外异法也。

"**宫中府中**"，"**宫**"和"**府**"指皇宫和丞相府。诸葛亮作为蜀汉丞相，曾被后主刘禅命以开府治事，可自置僚属。"**陟**"（zhì），升迁。"臧否"（zāng pǐ），褒贬，即评论人物好坏。"作奸犯科"，做奸邪的事，干犯法令。诸葛亮继续说：皇宫和丞相府，俱为一体，如果涉及奖励和惩处、褒贬人物的事情，不宜有所不同。如果有做坏事犯了法的，应该交给有关部门决定赏罚，来体现陛下的公平，不宜偏袒，使皇宫和丞相府有不同的执法标准。

从这段可见刘禅除了上面所提到的种种不合君道的行为，还有一大毛病，就是偏心、不公。刘禅作为蜀汉的君主，本当以一体之公心来对待宫、府诸臣，但他自个儿划小圈子，视皇宫中的左右为亲信私人，而有意无意排斥丞相府中的臣属，并采取不同的升黜赏罚标准，有失平明。

侍中、侍郎郭攸之、费祎、董允等，此皆良实，志虑忠纯，是以先帝简拔以遗陛下。愚以为宫中之事，事无大小，悉以咨之，然后施行，必得裨补阙漏，有所广益。

侍中、侍郎是官职名。郭攸之、费祎、董允等，是蜀汉政权的中坚。"遗"（wèi），交给。诸葛亮说：这几个人，都是纯良笃实，志向忠正，所以先帝选拔出来以留给陛下。我以为宫中的事情，无论大小，全都向他们咨询，然后施行，必然得以弥补缺失，有所助益。

这是诸葛亮对他走后的政务做安排，令郭攸之、费祎、董允等三人主持政务。这三人诸葛亮特意强调：一来，品行上信得过，都是良实忠纯的大臣；二来，乃经先帝刘备所提拔，靠得住。有他们对宫中的巨细事务把关，就没有行不通的。

将军向宠，性行淑均，晓畅军事，试用之于昔日，先帝称之曰能，是以众议举宠为督。愚以为营中之事，悉以咨之，必能使行阵和睦，优劣得所。

"**淑**"，善。"**均**"，平。"**晓畅**"，精通之意。"**督**"，指中部督，统帅禁军。诸葛亮又说：将军向宠，性情品行既良善又平和，精通军队大小事务。昔日试用的时候，先帝称赞他能干，所以大家公推向宠为中部督。我以为军中的事情，全都向他咨询，必能使军队内部上下和睦，人人各得其所。

这是诸葛亮对他走后得军务做安排，令向宠主持军务。向宠为最合适得人选，一是性情品行令人放心，又熟悉军队事务，业务能力强；二是资历深，曾蒙先帝的欣赏，称他有能力，当初刘备整军伐东吴，在夷陵一战中溃败，唯独向宠所部完好无损，所以赢得了刘备的认可；三是威望高，为舆论所认同和支持，他之统帅禁军，是经公推的。诸葛亮认为，向宠有足够威望、资历和才干管好军队。

亲贤臣，远小人，此先汉所以兴隆也；亲小人，远贤臣，此后汉所以倾颓也。先帝在时，每与臣论此事，未尝不叹息痛恨于桓、灵也。侍中、尚书、长史、参军，此悉贞良死节之臣，愿陛下亲之信之，则汉室之隆，可计日而待也。

诸葛亮在此对前面所做的人事安排进行一个小结，同时又结合东汉的兴亡来谈，很有历史的厚度。诸葛亮说：亲近贤臣，疏远小人，这是先汉之所以兴隆的原因；亲近小人，疏远贤臣，这是后汉之所以倾覆的原因。先帝在世时，每每与我论起此事，未尝不叹息、痛恨汉恒帝、汉灵帝。侍中、尚书、长史、参军等，这几个人都是忠贞良善、有气节的大臣。唯愿陛下能亲近他们、信任他们，那么汉室的隆兴，可以数着日子来等待。

东汉恒帝、灵帝之时，爆发了"党锢之祸"，被公认为贪腐堕落的政治势力——宦官集团，在皇帝的支持下，严厉打击了号为清流的士大夫集团，致使国是日非。诸葛亮要刘禅汲取历史的教训，疏远宦官之类的品行恶劣的小人，重用和信任他所提到的正人君子。

臣本布衣，躬耕于南阳，苟全性命于乱世，不求闻达于诸侯。先帝不以臣卑鄙，猥自枉屈，三顾臣于草庐之中，咨臣以当世之事，由是感激，遂许先帝以驱驰。后值倾覆，受任于败军之际，奉命于危难之间，尔来二十有一年矣。

诸葛亮话题一转，落到自己身上：我本来是一介平民，在南阳隐居当农夫，只想在乱世中将就保全自己，不奢求扬名显身于诸侯之间。先帝不以为我卑贱鄙陋，甘愿自己委屈，三次造访我的草庐，拿天下大事向我咨询，由此感动、激发，于是答应先帝来效力。后来遭遇挫折，我在军事失败之际接受任务，在形势危难之时奉命出使，这一来就是二十一年了。

诸葛亮的意思是，他本是个凡夫俗子，在乱世中只想活命，根本没有多大的抱负；当时刘备以皇叔、英雄、长者的身份，礼贤下士，亲自到草庐中拜访他这个二十七岁的卑微无名的年轻人，令他非常感动，也非常激奋，由此追随刘备，一开始就遇上了刘备兵败当阳长坂，在形势最危急的时候出使东吴，联合孙权抗曹，一晃二十一年就这样过去了。诸葛亮简要地回顾了自己的生平，突出他和刘备之间非凡的际遇，以及临危受命、在绝境中逢生的经历，尤其是最后的"尔来二十有一年矣",给人以不胜沧桑之感。

先帝知臣谨慎,故临崩寄臣以大事也。受命以来,夙夜忧叹,恐托付不效,以伤先帝之明,故五月渡泸,深入不毛。今南方已定,兵甲已足,当奖率三军,北定中原,庶竭驽钝,攘除奸凶,兴复汉室,还于旧都。此臣所以报先帝而忠陛下之职分也。至于斟酌损益,进尽忠言,则攸之、祎、允之任也。

诸葛亮说:先帝了解我为人谨慎,所以临崩时把国家大事托付给我。自从受此重任以来,从早到晚忧虑叹息。"**夙夜**",早晚。唯恐先帝的托付没能完成,而损伤了先帝的英明。所以五月渡过泸水,深入蛮荒之地。现在南方业已平定,兵甲也已充足,自当率领三军,北伐中原,竭尽我笨拙迟钝的能力,清除奸邪之徒,复兴汉室,返回旧都。这些都是我报答先帝而忠于陛下的职责所在。至于在平时衡情度理、有所兴革,进献忠言,则是郭攸之、费祎、董允诸人的责任。

愿陛下托臣以讨贼兴复之效,不效,则治臣之罪,以告先帝之灵。若无兴德之言,则责攸之、祎、允等之慢,以彰其咎;陛下亦宜自谋,以咨诹善道,察纳雅言,深追先帝遗诏,臣不胜受恩感激。

在交代完自己北伐中原的决心、意图后,诸葛亮接着说:希望陛下能把讨伐汉贼、兴复汉室的任务交给我去完成,如果事情没成功,那么请治我的罪,以告慰先帝的英灵。如果没有增益圣德的忠言,那么要追究郭攸之、费祎、董允诸人的怠慢,以彰明他们的过失。

同时,陛下也应自己考虑,来征询治国的良策,考察并接纳正确的意见,深思先帝的遗言。我受恩深重,不胜感激。

今当远离,临表涕零,不知所言。

现今即将远离,含泪书此表文,都不知道说了什么。

【简评】

　　本文是诸葛亮北伐曹魏前向蜀汉后主刘禅所上的表文。诸葛亮何以北伐?如果单从实力上来考量,以蜀汉孱弱的国力,要想主动进击、攻取强大的曹魏,其难度可想而知。诸葛亮为人最持重、谨慎,他不可能没有通盘权衡过。他之北伐,除了以攻为守的战略考虑外,更重要的,是通过北伐来彰显蜀汉政权的正统性,以及该军事行动的正义性,以此来号召、收拾和凝聚人心。诸葛亮是有理想情怀的政治家,毕生以兴复汉室为己任,从他早年的《隆中对》就可以看出来。可惜形势比人强,在刘备逝后诸葛亮主持蜀汉政局,他已不具备足够的力量和恰当的时机来支持他实现《隆中对》中所勾画的蓝图。但诸葛亮毕竟不是割据自雄、偏安一隅的投机主义者,即使力难胜任、壮志不酬,诸葛亮也要奋勉一搏。所以他的出师,明眼人皆知,有"知其不可为而为之"的悲剧精神。以此之故,本文中所洋溢的为政治理想而不惮远征强敌的情怀,足以感动千载之下同秉此心的志士仁人,激起共鸣。

　　北伐不是能毕其功于一役的事,需要耐心的坚守和经营,诸葛亮身为主帅,势必长期在外,远离蜀汉的政治中心,远征之前他必须考虑维持后方的安全以及稳定。他委任郭攸之、费祎、董允以及向宠等人分别掌管政务和军务，这些人的品格和才干是经过考验的，并且深孚众望，足以信得过。

诸葛亮最放心不下的，是后主刘禅。从文章中可看出，诸葛亮所担心的，主要有两点：菲薄和偏私。"菲薄"，可见刘禅的自信心不是很足，由于能力欠缺，又生活在先帝光环的笼罩之下，刘禅可能觉得驾驭不了先帝留下的辅臣，这构成了心中的阴影；信心不足者，不免过度亲近主动依附、逢迎自己的人，刘禅身边自然有的是这样的人，如此以来，刘禅不免在宫中和府中之间划了条若隐若现的线，这一倾向凸显、放大了刘禅的不公和偏私。诸葛亮对刘禅负有辅弼、教导之责，刘禅的作为显然并不符合诸葛亮的期待；诸葛亮谨守大臣的职分，发以至诚，反复规劝，情感真挚，言辞恳切，寄望刘禅能广开言路，秉承公心，亲信贤良，避免重蹈后汉倾颓的覆辙。文章最后诸葛亮又转移到自己身上，简要回顾平生，交代他所受先帝的知遇，以表明他的忠诚。

表，本是公文性质，极容易写得俗套。而《出师表》，却是千古传颂的名篇。《出师表》之所以引后人有加无已的景仰和赞叹，就在于它淋漓尽致地表现了诸葛亮这卓伟的大政治家的辅国之忠、谋事之远、知人之明以及用心之诚。南宋诗人陆游有诗感叹"《出师》一表真名世，千载谁堪伯仲间"，可谓定论。

第十二讲
《归去来兮辞》
——陶渊明

归去来兮,田园将芜胡不归?既自以心为形役,奚惆怅而独悲?悟已往之不谏,知来者之可追。实迷途其未远,觉今是而昨非。舟遥遥以轻飏,风飘飘而吹衣。问征夫以前路,恨晨光之熹微。

乃瞻衡宇,载欣载奔。僮仆欢迎,稚子候门。三径就荒,松菊犹存。携幼入室,有酒盈樽。引壶觞以自酌,眄庭柯以怡颜。倚南窗以寄傲,审容膝之易安。园日涉以成趣,门虽设而常关。策扶老以流憩,时矫首而遐观。云无心以出岫,鸟倦飞而知还。景翳翳以将入,抚孤松而盘桓。

归去来兮,请息交以绝游。世与我而相违,复驾言兮焉求?悦亲戚之情话,乐琴书以消忧。农人告余以春及,将有事于西畴。或命巾车,或棹孤舟。既窈窕以寻壑,亦崎岖而经丘。木欣欣以向荣,泉涓涓而始流。善万物之得时,感吾生之行休。

已矣乎!寓形宇内复几时?曷不委心任去留?胡为乎遑遑欲何之?富贵非吾愿,帝乡不可期。怀良辰以孤往,或植杖而耘耔。登东皋以舒啸,临清流而赋诗。聊乘化以归尽,乐夫天命复奚疑!

【解题】

《归去来兮辞》是东晋文士、隐士陶渊明的作品。"归去来",是归去、回去的意思。来,语助词,没有意义。"辞",是一种文体,与赋同类,介于诗歌和散文之间,在形式上追求句式的整齐以及声音的谐和,并且常用典故。本文附有自序,交代作于乙巳岁十一月,即东晋安帝义熙元年(公元405年)。本文相当于陶渊明辞职归隐田园的宣言书。陶渊明在序中自道家贫,为了生活不得已屈就彭泽县令,但由于官场生活与自己的本性实在不合,勉强做了八十天后,毅然离职,回到家乡。陶渊明选择了归隐,从此未曾复出过,终其生以务农、作诗、读书、饮酒、交游为主要生存方式,乐在其中,他也就成为中国历史上最大的、最有名的隐士。

"归去",实际上有两层意思:其一,是从官场向田园的回归;其二,是从身体向内心的回归。陶渊明高明之处,是把这两层回归的同质性描写出来,即向田园的回归实际上是向心灵的回归。所以,陶渊明并非简单暴露或者抨击官场的污浊和黑暗,其实这远非陶渊明所关心的;陶渊明所看重的,乃是一个被重重限制的生命如何回归它本然的自由状态。

【讲疏】

归去来兮,田园将芜胡不归?既自以心为形役,奚惆怅而独悲?

回去啊,田园快要荒芜了,为什么不回归?既然自己已认识到心灵被形体所役使,为何惆怅而独自伤悲?

"**兮**(xī)",语助词,辞赋中常用,相当于"啊"。"**芜**",荒芜。

"**胡**",疑问词,何。什么叫"**心为形役**"?就是精神被局限在身体的种种需要中,因此不得自由,这是最痛苦的。陶渊明是个自由感非常自觉、强烈的人。在本文的序中陶渊明自我评价:"质性自然,非矫厉所得。"他的本质、他的天性,是向往着"自然",这是不能被勉强的。"自然"乃老庄思想的主旨,意思顺从本性的生活才是自由自在。陶渊明深受其影响。陶渊明在诗歌《归园田居》中也有类似的表达:"少无适俗韵,性本爱丘山。"从小就不习惯去迎合世俗,用我们今天的话来说,是不想主动适应社会,因为天性爱丘山,"丘山"在这里是无拘无束的生活方式的象征。人生在世,总有些来自于身体的欲望和需要难以摆脱,如脱贫致富、出人头地等;而要求得满足,必须投身社会。这就意味着必须迎合、适应社会,按照社会的规则来自我塑造——规训自己的精神世界,人越是社会化,从社会中得到越多,身体的需求满足得越多,就越是远离了他的本性,由此不得自在。如陶渊明之所以任彭泽县令,为五斗米折腰,委屈自己,就因为"家贫,耕植不足以自给"。陶渊明反问:既然已经认识到了不开心的根由,为什么还惆怅、还伤悲!知行是合一的,"**归去来兮**",回去吧。

悟已往之不谏,知来者之可追。实迷途其未远,觉今是而昨非。

领悟到从前已经是不可挽回的了,知道未来还可以补追。确实曾经误入迷途,还好并未偏得太远;今天回归田园的决定是正确的,更觉得昨天的步入官场错误。"**谏**",有挽回的意思。"**已往之不谏**",是说从前离家做官的错误决定已是事实,不可改变;但过去的已经过去了,所幸未来的事还可以由自己来把控。陶渊明感叹还好他能迷途知返，没有错上加错。这句话是用战国时一个叫接舆的楚国狂士的典故，《论语·微子》中记他所作的歌："凤兮凤兮！何德之衰？往者不可谏，来者犹可追。已而已而！今之从政者殆而。"

舟遥遥以轻飏，风飘飘而吹衣。问征夫以前路，恨晨光之熹微。

"**遥遥**"是形容小舟前行的样子，"**飘飘**"是形容风吹动衣襟的状态。舟以轻飏的姿态遥遥而行，人立舟中，风吹衣上，飘扬起来，显得格外飘逸、洒脱。作者在思想上彻底释然，放下了功名利禄，束缚顿释，从里到外，通脱、轻快无比。一念即将到家，和亲人团聚，从此过想要的生活，心情不由稍稍急切起来：问征夫前路是何方，恨晨光朦胧天还未亮。

乃瞻衡宇，载欣载奔。僮仆欢迎，稚子候门。三径就荒，松菊犹存。携幼入室，有酒盈樽。

这段描写回家的景象：先是远远望见自家的房子，欢心喜悦，奔跑而去。"衡宇"，房屋。"**载**"（zài），语助词，无实际意义。等到家门，见到仆人们欢快迎接，小儿们在门口翘首以待。院里的小路要快荒芜，松菊还傲然长存。"**三径**"，这是个典故：西汉蒋诩归隐后，在自家院里开辟三径，只与羊仲、求仲两隐士来往，后人便以"三径"为隐士之所居。"**松菊**"，在古典文化中是清高和节操的象征。陶渊明的意思是：尽管离家不多久，小路都快要荒芜，但是其志如松菊，始终不改。于是拉着小儿们进入内室，杯中的酒已满。"**奔**"、"**门**"、"**存**"、"**樽**"押韵，从远眺，到至家，然后进院，最后入室,层次分明,线索井然。暂别之后归来,陶渊明把家庭氛围写得很温暖。

引壶觞以自酌,眄庭柯以怡颜。倚南窗以寄傲,审容膝之易安。园日涉以成趣,门虽设而常关。策扶老以流憩,时矫首而遐观。云无心以出岫,鸟倦飞而知还。景翳翳以将入,抚孤松而盘桓。

这段写家居的感受。"**引**",拿起。"**觞**"(shāng),酒器。"**眄**"(miǎn),斜眼看。拿起酒壶,自斟自饮,自得之际,斜眼瞅瞅庭院里的树木,足以开颜。"**引**"这个动作,特显陶渊明自足的神情。"**眄**"这个动作很精细,自斟自酌后,醉眼朦胧,人对庭院,突然间斜眼瞅到扶疏的树枝,亦为一乐。"**倚南窗以寄傲**",靠着南窗以寄托傲世自得的心情。"**审容膝之易安**",这里有意夸张,说屋子虽然狭小简陋,仅容双膝,可自己觉得心安。家,对陶渊明来说,意味着精神的绝对自在,是一个令他有自足感的精神世界。物质的贫乏他毫不介意,精神的丰富使他心满意足。"**园日涉以成趣**",庭园每天涉足,自有乐趣。一般来说,在封闭的环境内呆久了,极易生厌,倍觉乏味。但陶渊明天天在园子里走动,总有新意可感,总有乐趣在生。如果不是生性恬淡,胸襟洒脱,绝难有这种体会,会耐不住寂寞、清冷和因过于熟悉而产生的无聊。"**门虽设而常关**",门虽还开设着,可通常是关上的。这句话很有意味:"**门**",是世俗的世界和陶渊明的私人精神世界的一道分界线;"**设**"表示两个世界不可能浑融一片,必有分彼此;"**关**",暗示陶渊明从此关闭了通往世俗世界的入口,也拒绝世俗世界对他私人精神世界的介入。"**策扶老以流憩**","**策**"是挂着。"**扶老**"是拐杖。"**流憩**",走动和休息。挂着拐杖外出,想走动就走动,想休息就休息。想怎样就怎样,随性而定,不受拘束,这就是"魏晋风度"的真义。**"时矫首而遐观"**,"矫首",抬头。"遐观",远望。有时候随意地抬头,就这样遐观天际。**"云无心以出岫,鸟倦飞而知还"**,这两句紧接着上文的"遐观",观到什么景致呢?是云气无心地飘出山岫,是鸟儿倦飞后悠然还巢。这两句话特别漂亮:云本无心,鸟也无知,陶渊明把他的悠然心境投射于云和鸟,两物外化了陶渊明所无限向往的人生姿态:行则行,止则止,出则出,还则还,一切动作发于无心,均归自然。是的,顺其自然,就是陶渊明人生观的归宿。**"景翳翳以将入,抚孤松而盘桓"**,"景",日光。"翳翳"(yì),黯淡的样子。当此之际,日光逐渐黯淡,一天快过去了。手自抚弄孤松,不禁流连徘徊。——这是行将感叹的样子。

本段中,**"颜"、"安"、"关"、"观"、"还"、"桓"** 等字押韵;同上段一样,内容层次、演进逻辑也是井然有序。先写于室内引酒眄柯,次说出户踏园,续叙流憩遐观,再陈所观望到的无心之云气和知还之倦鸟,最后是在一日将近之时徘徊感慨。视野由内到外,范围由近及远,由空间的外扩最终落到时间的将近。

  归去来兮,请息交以绝游。世与我而相违,复驾言兮焉求?悦亲戚之情话,乐琴书以消忧。农人告余以春及,将有事于西畴。或命巾车,或棹孤舟。既窈窕以寻壑,亦崎岖而经丘。木欣欣以向荣,泉涓涓而始流。善万物之得时,感吾生之行休。

  接着上文的"盘桓"开始了感慨。**"归去来兮,请息交以绝游。"** 回去啊,与俗人断往绝交吧。息交绝游的对象,是汲汲于功名利禄、与陶渊明志不同道不合的俗人。**"世与我而相违,复驾言兮焉求"**,

"**驾**",本指驾车,这里是说在世道上驰骋追求。"**言**",语助词,没有实际意义。陶渊明自问:如今的世道既然与我的天性不合,还努力以求什么呢?但如果下定决心避世绝俗,今后的生活该如何安排和度过?

"**悦亲戚之情话,乐琴书以消忧。**"很愉悦亲戚之间相互说些情深意长的家常话,很快乐能以抚琴读书来消解烦忧。"**悦亲戚之情话**",是享受群居闲聊之乐;"**乐琴书以消忧**",是享受独处弄以艺之乐。总之,无论群居,还是独处,都有乐子。

"**农人告余以春及,将有事于西畴。**"农人告诉我春天到了,即将在西边田野开始农事。这说的是农忙的快乐。陶渊明有诗:"晨兴理荒秽,带月荷锄归。"把繁重的体力劳动赋予了诗意。务农不仅仅是生存的必需,更是精神的享受。

"**或命巾车,或棹孤舟。既窈窕以寻壑,亦崎岖而经丘。**""**巾车**",有车帷的小车。"**棹**"(zhào),本指船桨,这里用做动词,意思是划桨。有时叫上一辆小车,有时划着一叶小舟。探寻了曲折幽深的沟壑,经历了高低起伏的山丘。这两句说的是闲游的快乐。

"**木欣欣以向荣,泉涓涓而始流。**"非但如此,触目所及,是欣欣向荣的树木,有涓涓而流的泉水,事事物物都透出盎然的生机和情趣。当息交绝游,从世俗社会中全身而退,回归内心,以"自然"的眼光去看待世界,世界便向人呈现出它的本来面目。

"**善万物之得时,感吾生之行休。**"看到万物率性生长,皆归其所,都得其时,这一幕令陶渊明体察到山河大地中似乎蕴藏着一种真正的、终极的"善"——万物均以符合它本性的方式而存在;由此感叹,此生也快终结了。"**感吾生之行休**",乍一看,好像在表达人生苦短的悲哀;仔细玩味,结合前面反复描写的复归田园的乐趣,这句话有点类似于《浮士德》中,浮士德回顾一生时的体悟:"你真美呀,请停留一下",是对富于美感的生命的满足和珍惜。

本段中,"**游**"、"**求**"、"**忧**"、"**畴**"、"**舟**"、"**丘**"、"**流**"、"**休**"等八个字押韵;陶渊明完全铺开了田园之乐,这一赏心乐事是全方位的,遍及生活的每一个领域:无论群居还是独处,无论农忙还是闲游。而且,田园之乐并非孤寂凄冷式的,它内中蕴藏着无限生机。

已矣乎!寓形宇内复几时?曷不委心任去留?胡为乎遑遑欲何之?富贵非吾愿,帝乡不可期。怀良辰以孤往,或植杖而耘耔。登东皋以舒啸,临清流而赋诗。聊乘化以归尽,乐夫天命复奚疑!

由上文的"感吾生之行休",很自然地来直接慨叹人生。"**已矣乎!寓形宇内复几时?曷不委心任去留?胡为乎遑遑欲何之?**""**寓形宇内**",人活在世间好比把形体寄托于此。"**曷**"(hé),何。"**去留**",生死。"**遑遑**",惶惶不安的样子。人如果心神不宁,就会无所适从,遑遑不已。陶渊明说:算了吧,活在这世上还有多少时间?何不委顺自己的心意任由生命的来去?为何惶惶不安,究竟要去哪里?这是对人生的终极反思和审问:人究竟应把有限的生命投入何方?陶渊明已经选择"**归去来兮**",这个问题他已经非常清楚和透彻了,所以用反问的形式进一步表达他归来的决绝。

"**富贵非吾愿,帝乡不可期。**"陶渊明先退一步说,追求富贵不是他的心愿,至于帝乡即神仙之乡,也不做期待。魏晋南北朝时,神仙信仰大行其道,求长生、成神仙,是许多人的企求。但陶渊明没有此种想法。既不求世俗的富贵,也不求脱俗的神仙,那么究竟何往?

"**怀良辰以孤往,或植杖而耘耔。登东皋以舒啸,临清流而赋诗。**""怀",留恋,珍重。"植",扶。"耘",除草。"耔",培苗。陶渊明说,他打算珍惜良辰、独赏美景,或者扶着拐杖除草培苗。有时登上东面高地,放怀长啸;临傍清流,吟诵诗歌。这样的生存状态,简单,清雅,换言之,把日常生活艺术化了。

"**聊乘化以归尽,乐夫天命复奚疑!**""聊",姑且。"化",大化,宇宙天地的自然流转。暂且随着天地自然的变化而变化,直到人生的尽头,乐享天命,还有什么可怀疑的呢?说到这里,陶渊明便点出了他的人生观:既不陷入俗世,也不求超脱俗世,而把有限的生命就安顿在此世间,用非功利的态度去发现、创造生活的美,珍惜和享受每一个美的瞬间,直至生命的终结。

【简评】

北宋的大文豪欧阳修极赞颂这篇文章,说:"两晋无文章,幸独有《归去来辞》一篇耳,然其词义夷旷萧散,虽托楚声,而无其尤怨切蹙之病。"说两晋除此之外再无文,不惜把话说得这么绝对,就是为了强调他的欣赏。这话的后半句很有道理,文风通达、萧散,虽采取楚辞的体式,但没有幽怨、悲切之情。文中处处洋溢的是欢快自如的情调。因为陶渊明把辞职回家视作旧生活的结束和新生活的开始。这种新的生活方式,虽然朴实,可是有新意;虽然简单,可是非常丰富;虽然平淡,可是趣味盎然;虽然宁静,可是处处弥漫着生机。

所以,归隐田园,于陶渊明而言,不再是前人那样作为官场失意后的逃避和抚慰,而被发展成一种更有价值、更合乎理想的生存方式,只要认识到人的本性,与功利、庸俗以及浮躁的社会保持必要距离，停下追逐功名富贵的脚步，反过来审视自己内心的真实需要，便有了超脱的眼光和旷达的襟怀，生命的诗意自然而然地浮现，触目所及，莫非新奇；纵意所之，皆为乐事。于是乎，连死亡这一困扰人心的根本问题也被消融在充实而自如的生命中，这就是绝对自在的人生。陶渊明以他的切己的、真实的体验，向世人证明，桃花源并不在世外，就是人们每天都在经历的日常生活本身，生活的终极意义就在生活之中。

第十三讲
《马说》
——韩愈

世有伯乐,然后有千里马。千里马常有,而伯乐不常有。故虽有名马,只辱于奴隶人之手,骈死于槽枥之间,不以千里称也。

马之千里者,一食或尽粟一石。食马者不知其能千里而食也。是马也,虽有千里之能,食不饱,力不足,才美不外见,且欲与常马等不可得,安求其能千里也?

策之不以其道,食之不能尽其材,鸣之而不能通其意,执策而临之,曰:"天下无马!"呜呼!其真无马邪?其真不知马也!

【解题】

《马说》是唐代文学家韩愈的四篇共题为《杂说》的论说文之第四篇,后人在编选时命名为"马说",该组文章均作于韩愈入仕之初。"说",是古代文体之一种,侧重于说清楚某类具体现象、文体,使人悦服。以本文来说,韩愈托物寓意,就千里马论说人才被埋的社会现象,来发抒自己怀才不遇的哀痛。韩愈有使命感,用世的志向强烈,对自己期待很大;不过,他自入仕途的起步阶段不大顺畅,在写作本文的前后相当长的一段时期内,他积极接近权要,上书求人援引，窘迫之相，溢于言表。心情抑郁，不免有许多牢骚，本文就是这种心情下的产物。但韩愈不是为发泄个人的不平，而是上升成一种带有普遍性的现象来说，所以很能激起后代有类似境遇者的同感。

【讲疏】

世有伯乐，然后有千里马。

"**伯乐**"，相传是春秋秦穆公时人，以善于相马著称于世。马一经伯乐的品题，其身价就倍增，受世人另眼相看，这是比喻善于赏识人才又有能力提拔人才的当道者，一经其识鉴和揄扬，其人便脱颖而出，备受瞩目。"**千里马**"，从字面上说是一日能跑千里的良马，"**千里**"是虚指，强调马特别能跑，这里用来比喻有才华但暂时无闻的人。

韩愈起笔说"**世有伯乐，然后有千里马**"，此言甚不合理，与常识相悖。通常人们认为，千里马之为千里马，是它本身能跑这么远，它到任何地方都是千里马，不必依赖谁，伯乐不过是个高明的相马人而已，千里马和伯乐并不构成存在上的条件关系。即使非要从条件关系上着眼，也是先有千里马，再有伯乐。因为伯乐是凭借挑选出了千里马才成为相马大师的，如果没有千里马，伯乐不成为伯乐。所以话应该反过来说才合乎道理——世有千里马，然后有伯乐。

韩愈这个人，才大如海，好翻新出奇，他在创作上有个提法，也算是心得了，即"唯陈言之务去"，就是有意不说陈陈相因的话，当然这其中包括那些尽人皆知的道理和观念，如"世有千里马，然后有伯乐"之类。不过，韩愈也不是刻意标新立异，与常识唱反调，以标榜他自己的高明;他讲"**世有伯乐,然后有千里马**",其中自有他的道理,这就比一般人在见识上要更深一层了。

千里马常有,而伯乐不常有。故虽有名马,只辱于奴隶人之手,骈死于槽枥之间,不以千里称也。

为什么伯乐是千里马出现的前提、条件呢?韩愈没有急于解释,而是顺着上句,说:千里马经常有,但伯乐不经常出现,所以,即使有善跑千里的名马,也只会落在不懂马的仆役手中,受尽凌辱,最后和凡马一道死在马厩里,而不会以千里马的名号被世人称道。"**奴隶人**",字面上的意思是不懂相马的卑微的仆役,比喻那些有眼不识泰山而又态度傲慢、胸襟狭隘、品性卑劣、压制人才的小人。"**骈(pián)死**",并死,两马相并叫"**骈**"。"**槽(cáo)枥(lì)**",喂养牲畜的食器,这里指马厩。

这几句话说尽了千里马不遇伯乐的悲惨命运。千里马相对来说常见,可伯乐是罕见的,以此之故,造成千里马落到肉眼凡胎的仆役手上;这些人根本不懂马性,把千里马等同于凡马,鞭挞斥辱。韩愈在此有意缩小千里马的遭遇范围——不是遇上"**伯乐**"就是落入"**奴隶人**"之手,用非此即彼的两极对立来渲染千里马不遇伯乐的可怜,且强化"伯乐不常有"的悲哀。千里马没机会来证明它的善跑,它的卓荦不凡,结果和凡马一样死在马厩里。人才也是这样的,如果无伯乐般的当道者来赏识、提拔,不能到更高、更大的舞台上去表演;不幸在那些目光短浅的小人们手下讨生活,任其驱使,受他的窝囊气,连尊严都可能丧失,更别谈脱颖而出、发挥所长了!所以空有一身好本事,也只会被沉埋,放不出璀璨的光华。

马之千里者,一食或尽粟一石。食马者不知其能千里而食也。是马也,虽有千里之能,食不饱,力不足,才美不外见,且欲与常马等不可得,安求其能千里也?

"**马之千里者**",即"千里马者",所谓千里马。"**一食**"(shí),吃一顿。"**粟**"(sù),俗称小米,古称"稷"。"**石**"(dàn),古代重量单位,约等于一百二十斤。"**食(sì)马**",这里的"**食**"即"饲",喂养马。

本段中韩愈转到千里马自身上来说。所谓千里马,一顿有时要吃光一石小米。这说的是千里马食量大,也就是说它要求很高。好比我们今天的豪车,对吃的油的品质是有要求的,好车如果配油不当,将损害车。再好比大厨,对食材也有相当精细、严苛的要求,如果食材不到位,不合规格,他也做不好真正意义上的美食。人才也是这样子的,越是大才,配套的要求也越高;要是不满足其要求,不给予其条件,人才的效用实现不出来。跑车如果不在专用跑道上跑,而在拥堵的城市街道上,速度起不来,它不会被认为好过普通车。韩愈说千里马要求"**一食或尽粟一石**"是很有道理的,这打破了通常的见解,以为凡才高者要求低、能大者所需小。这是千里马至为关键的一个特性。

可悲的是,千里马在没遇上伯乐、在没被世人公认为千里马的时候,它的要求对它来讲,是致命的缺陷。"**食马者不知其能千里而食也**",喂马的仆役不知道它是能跑千里的,不会按这个标准来满足它的食量。当千里马被承认后,它的需求会在既定条件下充分供应;如果人们还不知道,别说供应,就算自我呼吁,都会被嘲弄。

如《史记·陈涉世家》提到的，陈胜少时在田里为人干活儿，曾有感"哪天要是富贵了，不要忘记啊"，这话顿时被同伴讪笑，陈胜则叹"燕雀安知鸿鹄之志"。"**是马也，虽有千里之能，食不饱，力不足，才美不外见，且欲与常马等不可得，安求其能千里也。**"所以，在不知它是千里马而饲养的情况下，这马呀，虽然有跑千里的潜能，但吃不饱，力气不足，能力和长处不能外现出来，想和常马相当尚且不可得，怎么能要求它跑千里呢！韩愈的短文，注重语气的吞吐，善于利用句与句之间的丰富的逻辑关系表达复杂而强烈的情绪，本句就是个很好的例子。从"虽"到"且"，在转折中不断递进，最后落到"安"上，用反问来收拢语意，给读者以很强、很足的力量感。

策之不以其道，食之不能尽其材，鸣之而不能通其意，执策而临之，曰："天下无马！"呜呼！其真无马邪？其真不知马也！

"**策**"，本指竹制的马鞭，引申为驭马的工具，包括缰绳等，作动词用为驱役，驾驭。"**不以其道**"，驾驭和使用马的正确方法。"**材**"，材性，也就是我们俗话中常说到的"料"，一个东西是什么料，就要怎么对它、用它。"**鸣**"，马的嘶叫。韩愈在他另一篇文章中曾说"大凡物不得其平则鸣"，"鸣"是对不平遭遇的发声。"**其**"，即"岂"，难道。"**邪**"（yé），即"耶"，疑问语气，相当于"吗"。

最后在韩愈看来，天下再没有比这更荒唐、更可笑的事了：不以正确的方法来驾控它，不按其材性来饲养它，千里马已在嘶鸣却通达不了它的心声，手执缰绳，人在马边，而叹："天下没有千里马。"韩愈描绘了这样一幅漫画：明明牵着千里马，反而哀叹从未见过千里马，把黄金看成黄土，把珍珠当成鱼目。所以韩愈禁不住愤慨：唉！

真的是没有马吗？真的是不知马啊！

说到这里，韩愈的意思就非常清晰了，它很好地解释了起笔所说的"**世有伯乐，然后有千里马**"这句有悖常理的话：千里马的"有"或者"没有"不是问题，问题是被"知"还是"不被知"；没有伯乐的发现和赏识，千里马只会被当作凡马埋没。所以，人才的有或者没有、多或者少是一回事，人才的被发现是另一回事，而且后者更为重要。

【简评】

本文是韩愈的夫子自道，抒发他不被赏识、仕途坎坷的不平。怀才不遇是个老题目，而韩愈写得不凡。

其一，是意思新奇，不落俗套。以千里马比喻人才，以伯乐比喻当道者，本是老生常谈。韩愈却反其道而写之，不从千里马本身谈千里马，而从伯乐来谈千里马，把伯乐视作千里马出现的前提条件，讲人才的发掘要比人才自身还要重要。这个角度是比较少见的。

其二，是描写精到，曲尽世相。把落入庸人手上的千里马的辛酸和不堪，同庸人的昏聩糊涂和有眼无珠作为一幅对比极为鲜明的漫画，寄悲愤于诙谐，化荒诞为风趣，揭示千古人才难尽其用、惨遭埋没的根源。

其三，是气势浩荡，雄健有力。韩愈文章向来以气雄势健著称，前人说韩文如海，指的就是这一点。文章气势的浩荡，除了充沛、强烈的情感外，还注重修辞以及句式的变换。

第十四讲
《送董邵南序》
——韩愈

  燕赵古称多慷慨悲歌之士。董生举进士，连不得志于有司，怀抱利器，郁郁适兹土。吾知其必有合也。董生勉乎哉！

  夫以子之不遇时，苟慕义强仁者皆爱惜焉，矧燕赵之士出乎其性者哉！然吾尝闻风俗与化移易，吾恶知其今不异于古所云邪？聊以吾子之行卜之也。董生勉乎哉！

  吾因子有所感矣。为我吊望诸君之墓，而观于其市，复有昔时屠狗者乎？为我谢曰："明天子在上，可以出而仕矣。"

【解题】

  《送董邵南序》又名《送董邵南赴河北序》，作于唐宪宗元和年间。董邵南是韩愈的朋友，自感呆在首都长安没有前途，拟往河北地区发展，所以韩愈临别赠言，写就此序。"序"，是古代一种文体，最开始是书序，以介绍作者生平以及著作意图、内容还有体例等，如司马迁《史记·太史公自序》就是个典型例子。南朝、隋唐以来在书序的基础上逐渐发展出赠序，用于赠别。韩愈本人便是写作赠序的高手，风格多样，不拘一格。

就本文来说，董邵南怀才不遇，心情郁闷，要去河北。河北是指黄河以北的广大区域，在战国时乃燕、赵领土，故亦称燕赵大地。唐玄宗时代，随着安禄山、史思明的崛起，河北地区遂成其根据地。尽管后来唐王朝平定了安史之乱，但是河北地区仍旧被安史的残部盘踞，并未得到彻底的肃清，他们世代自袭，游离于中央政府的控制之外，事实上变成了国中之国，是中晚唐最突出、最严重的社会政治问题。韩愈在政治上坚定支持中央集权，主张削平地方割据势力，如今朋友要去投奔河北，韩愈陷入了两难：鼓励他去则有违自己一贯的政治理念；阻止他去则眼见他落落寡合，走投无路，境况堪怜，而又无能为力。韩愈的措辞巧妙，不动声色间把自己的真实意思都表达出来。

【讲疏】

燕赵古称多慷慨悲歌之士。

韩愈文章的起笔通常不凡，有声有色，力量很足。譬如这句"**燕赵古称多慷慨悲歌之士**"——燕赵大地在古代有很多慷慨悲歌的人。这个"古"，是相对于韩愈所处的中唐而言，主要指战国时代，当时燕赵地区盛产游侠、刺客之流的人物，如著名的荆轲和高渐离。此辈中人，意气相投，慷慨激昂，讲信重诺，崇尚节义，富于血性，为朋友不惜生命。荆轲感念燕太子丹盛情，明知"风萧萧兮易水寒，壮士一去兮不复还"，抱着必死的决心刺杀秦王嬴政；荆轲失败后，高渐离要为好友报仇，双眼已被刺瞎，明知是以卵击石，也要奋力扑杀嬴政。荆轲和高渐离两人共同演绎了慷慨悲歌之士的典型性格。

韩愈说：古代燕赵大地上此类慷慨悲歌之士所在多有。这是在赞颂该地的风俗。临别赠言，一般要说点鼓励的话，像韩愈自铸的这样精到有力的警句，一读之下，足以使人感奋不已。

董生举进士，连不得志于有司，怀抱利器，郁郁适兹土。吾知其必有合也。董生勉乎哉！

第二句话随即转到董邵南身上，讲他去河北的缘由。这很妙，按文章常规，多多少少应该对开头有个承接，以显示文意的连贯，气脉的通畅，而韩愈开完了头，就搁置一边。

韩愈说：董邵南这个人，考中进士，屡屡失意于有关官员。唐代是中国科举考试制度的肇造期，仍处在摸索和尝试中，远没有后来明清时代的严密、合理。唐代科举考试有诸多科目，"**进士**"只是其中一种。进士考试归礼部主管，考中进士，只是表示有做官的资格了，要想正式步入仕途，还须接受吏部的考试。从中进士到被授官职，这个跨度很大，有许多人蹉跎于此，跨不过去。韩愈本人中进士，十年内三次都没通过吏部的考试，个中的辛酸，难以尽言。现在董邵南处于类似的境遇，韩愈是很能理解的。"**连**"这个字，说明董邵南持续的努力没有结果，也暗示了董邵南对朝廷的失望和无奈，不再抱有期待，死了心。"**有司**"，是指吏部主管考试的相关官员。"**怀抱利器**"，是说董邵南有一身的才华。"**郁郁适兹土**"，很郁闷地去这个地方；"**适**"，动词，指到什么地方去；"**兹土**"，这个地方，指河北；"**兹**"是代词，这。

"**吾知其必有合也。**"我知道他必定有所遇合的。"**必**"这字，表现出韩愈异常坚决、肯定的语气，其实是基于即将远行的期盼和祝愿。"**合**"，指遇合。还不是一般性的合得来，合拍，可以合作；

在传统中国社会中,它有丰富得多的意思,什么叫"遇合"呢?就像韩愈《马说》这篇文章中的,千里马遇上伯乐,就是遇合——一遇之后,如鱼得水。从历史上看,就像《三国演义》里所描写的,诸葛亮遇上刘备之后两人之相合。刘备对诸葛亮完全信任,放手使用;诸葛亮对刘备忠心耿耿,贡献才智。显然,"遇合"是基于相知的相得益彰。无疑,这是一种理想状态,是可遇不可求的,需要机缘和时运。但不妨碍韩愈以此来激励、鼓舞董邵南:"**董生勉乎哉!**"董生,努力啊!这是在勉励董邵南去河北后,抓住机会,好好努力,实现个人价值,不负此行。

夫以子之不遇时,苟慕义强仁者皆爱惜焉,矧燕赵之士出乎其性者哉!然吾尝闻风俗与化移易,吾恶知其今不异于古所云邪?聊以吾子之行卜之也。董生勉乎哉!

韩愈真的唯愿董邵南去河北碰运气吗?如果不愿,又该如何劝解呢?韩愈接着说:"**夫以子之不遇时,苟慕义强仁者皆爱惜焉,矧燕赵之士出乎其性者哉!**""夫",发语词。"子",对男性的尊称。"不遇时",即背时,不走运。"苟",如果,假使。"强"(qiǎng),勉强。"矧"(shěn),何况。

这句话的意思是:凭你的背时不走运,只要是仰慕大义、勉强行仁的人,都会同情、怜悯你的;更何况燕赵之人的仁义出自他们的天性呢!韩愈先退一步,说以你董邵南频频不得机会,不是你不优秀,是你背时不走运,像你这样的杰出人才,就连"**慕义强仁者**"都会同情、赏识的。所谓"**慕义强仁**",是说假模假样,并非真心实意认同和施行仁义,只是把仁义当成招牌和幌子,别有用心,口头上仰慕，行动上勉强；再进一步：何况燕赵人的仁义出于天性！即那地方的人生性就仗义、仁爱，肯帮人。他们看到董邵南去了，情不自禁地要施以援手，给予机会。这一退一进，既欣赏了董邵南的卓越，又安抚了他的委屈，还增长了他的志气。

但韩愈语气又一转："**然吾尝闻风俗与化移易，吾恶知其今不异于古所云邪？**"然而，我曾经听说过一个地方的风俗民情是随着教化的改变而改变的，我怎么知道现在的河北不有别于古代所说的情况呢？"恶"（wū），怎么。这句话很妙，呼应了第一句"燕赵古称多慷慨悲歌之士"，原来"古"字是韩愈有意在开篇打埋伏，强调的是历史上的、古代的情形，不是当今的。风俗民情不是一成不变的，如今的河北处在国家分离分子的治下，这个地方的风气被他们带坏了，慷慨悲歌的传统丢失了。由此，韩愈说"**聊以吾子之行卜之也**"，姑且以你此次的行程来推测一下吧。"聊"，姑且，暂且。"卜"，占卜，推测。从"**吾知其必有合也**"到"**聊以吾子之行卜之也**"，从"**必**"到"**聊**"，语气由确定无疑变为犹豫不定，韩愈的态度开始转变，去河北或许不是个正确的选择。"**董生勉乎哉**"，字面同前面一样，但倾向则有不同。前面的"**勉**"是鼓励，这里的"**勉**"，有劝董邵南洁身自好、保持警惕的意思，因为那个地方风俗已变异，到后防止沾染上当地不良风气，以免同流合污。所以话说到这里，韩愈的立场有所松动，态度变得暧昧，不再是决绝鼓励董邵难赴河北了。

吾因子有所感矣。为我吊望诸君之墓，而观于其市，复有昔时屠狗者乎？为我谢曰："明天子在上，可以出而仕矣。"

这一段是展望董邵南抵达河北后的情形,并付以嘱托。"**望诸君**"是战国名将乐毅。乐毅受燕昭王知遇之恩,为燕向齐复仇,几乎灭掉齐国。继位的燕惠王不信任乐毅,乐毅被迫出奔赵国。尽管受到燕惠王的猜疑,乐毅仍感念燕国的厚待,忠于燕国。"**屠狗者**",战国时燕国的高渐离以屠狗为业,他只是隐于这个行当,实质上是侠义之士。韩愈这里提到"**屠狗者**",是指隐于市井间的忠义之士。

韩愈说:我因你深有感触。请代我凭吊望诸君的坟墓,并到市井中去观察,还有如昔日高渐离一样拿屠狗来隐藏自己的忠义之士吗?如果有的话,为我向他们致意:"如今圣明天子在上,不必隐居,可以出来到朝廷做官了。"韩愈请董邵南为他凭吊乐毅墓,是提醒董邵南效法乐毅,注意立身的分寸,保持忠义的大节,不要轻易上"贼船",助纣为虐,站在河北一边来对抗朝廷;又托董邵南从市井中搜寻隐士,劝他们相信朝廷,出山效力。言外之意,就是说董邵南没必要去河北了。

【 **简评** 】

这篇临别赠言别具一格,很奇特。

首先是措辞奇。韩愈于公于私都不希望看到董邵南到河北投靠桀骜不驯、割地自雄的藩镇,但对已然拿定主意、即将上路的朋友,这个意思就不好再直接说了,因为这不是待友之道。韩愈的措辞极尽巧思。既是赠序,当以祝愿为主,所以韩愈通篇都在为董邵南鸣不平,同情他的遭遇,看好他的前景,激励他奋发;与此同时,则把担心委婉地寄寓其中。听者不觉,言者却是有心的。全文没有一句话说去河北是不妥的,但实际上每一句话都在说去河北是不妥的。这一高妙的表达艺术令人称奇。

再就是布局奇。首句"燕赵古称多慷慨悲歌之士"劈空而落，这话力量大，气势盛，感情足，营造了全文激昂、雄浑的氛围，允为警句。但随即转到董邵南身上，把这话晾在一边，令读者摸不着头脑，不明韩愈用意。其后说到燕赵之士有仁有义乃出自天性，这就为董邵南此行必有遇合提供了依据，同时又考虑风俗往往是"与化移易"，今时今日的燕赵极有可能迥异于古代，这就为董邵南此行难有遇合提供了依据。原来首句是有意埋下的伏笔，其用心直到这里才清晰地交代出来。如高明的将帅排兵布阵，处处照应、配合，其布局之妙美不胜收。

除此之外，语气也奇。虽然是篇一百多字的短文，可是文章的语气吞吐抑扬，尤其是虚字的使用，极其传神。

第十五讲
《种树郭橐驼传》
——柳宗元

郭橐驼,不知始何名。病偻,隆然伏行,有类橐驼者,故乡人号之"驼"。驼闻之,曰:"甚善。名我固当。"因舍其名,亦自谓橐驼云。

其乡曰丰乐乡,在长安西。驼业种树,凡长安豪富人为观游及卖果者,皆争迎取养。视驼所种树,或移徙,无不活,且硕茂,早实以蕃。他植者虽窥伺效慕,莫能如也。

有问之,对曰:"橐驼非能使木寿且孳也,能顺木之天,以致其性焉尔。凡植木之性,其本欲舒,其培欲平,其土欲故,其筑欲密。既然已,勿动勿虑,去不复顾。其莳也若子,其置也若弃,则其天者全而其性得矣。故吾不害其长而已,非有能硕茂之也;不抑耗其实而已,非有能早而蕃之也。他植者则不然,根拳而土易,其培之也,若不过焉则不及。苟有能反是者,则又爱之太恩,忧之太勤,旦视而暮抚,已去而复顾。甚者爪其肤以验其生枯,摇其本以观其疏密,而木之性日以离矣。虽曰爱之,其实害之;虽曰忧之,其实仇之,故不我若也。吾又何能为哉!"

问者曰:"以子之道,移之官理,可乎?"驼曰:"我知种树而已,官理，非吾业也。然吾居乡，见长人者好烦其令，若甚怜焉，而卒以祸。旦暮吏来而呼曰：'官命促尔耕，勖尔植，督尔获，早缫而绪，早织而缕，字而幼孩，遂而鸡豚。'鸣鼓而聚之，击木而召之。吾小人辍飧饔以劳吏者，且不得暇，又何以蕃吾生而安吾性耶？故病且怠。若是，则与吾业者其亦有类乎？"

问者曰："嘻，不亦善夫！吾问养树，得养人术。"传其事以为官戒。

【解题】

本文是柳宗元的早期作品，借助于擅长种树的郭姓传主之口，来阐明道家无为之治的道理。柳宗元青年时曾经深度参与当时的政治改革事业，富于政治实践经验，同时他好学深思，有思辨能力，对政治理论也有精深的研究。他的名文《封建论》就是讨论中国传统社会中的封建制和郡县制之优劣的大问题，这篇政论文直到上世纪70年代仍然有它的影响。

【讲疏】

郭橐驼，不知始何名。病偻，隆然伏行，有类橐驼者，故乡人号之"驼"。驼闻之，曰："甚善。名我固当。"因舍其名，亦自谓橐驼云。

"橐（tuó）驼"，骆驼，这里指驼背。"偻"（lòu），脊背弯曲。"伏行"，背高突而弯腰行走的样子。

本段讲郭橐驼其名的来历。这位郭姓之人，不知开始叫什么名字,患了脊背弯曲的病,弯腰行走时候,背部高突,有类骆驼,所以当地人给他取了个"驼"的号,他听说后,觉得称呼很恰当,不仅仅不介意,还干脆放弃了本名,自称"橐驼"。

其乡曰丰乐乡,在长安西。驼业种树,凡长安豪富人为观游及卖果者,皆争迎取养。视驼所种树,或移徙,无不活,且硕茂,早实以蕃。他植者虽窥伺效慕,莫能如也。

郭橐驼住在长安西边的丰乐乡,他以种树为生。"**凡长安豪富人为观游及卖果者,皆争迎取养**","观游",观赏游览。但凡长安城里为观赏游览以及做水果买卖的富人,都争相把郭橐驼接到家里奉养。这句话是说郭橐驼在长安整个种树行业中无与伦比的影响力。他受豪富们争迎取养的秘诀究竟在哪里呢?"**视驼所种树,或移徙,无不活,且硕茂,早实以蕃**"。"实",这里作动词,结果实。"蕃",多。看郭橐驼所种的树,即使移植过来的,也没有不存活,而且长得硕大、茂盛,果实结得又早又多。这句话是说郭橐驼种树有一手独门的绝活。"**他植者虽窥伺效慕,莫能如也**。"其他种树的人即使暗中观察、效仿,也没有能比得上的。这句话用来补充、强调郭橐驼技艺无双,别人想学也学不到位。

有问之,对曰:"橐驼非能使木寿且孳也,能顺木之天,以致其性焉尔。凡植木之性,其本欲舒,其培欲平,其土欲故,其筑欲密。既然已,勿动勿虑,去不复顾。其莳也若子,其置也若弃,则其天者全而其性得矣。故吾不害其长而已,非有能硕茂之也;不抑耗其实而已,非有能早而蕃之也。

但郭橐驼心地光明,并不藏私,有人问他经验,他毫无保留地介绍自己的种树心得。"**橐驼非能使木寿且孳也**","孳"(zī),繁殖。他说他并不能使树木活得久长且繁殖硕茂,这是以退为进,先退后一步,然后介绍经验,"**能顺木之天,以致其性焉尔**",能顺应树木的天性并实现之而已。"天",这里指事物与生俱来的天性。"**致其性**",使它的天性完全实现出来,这个"**致**"有似于明代思想家王阳明的"致良知",即把人心中的良知推扩到极境,得以完全呈露。郭橐驼的种树之道,一言以蔽之,就是顺应并实现树木的天性。

那么树木的天性究竟是什么呢?郭橐驼就此详论:"**凡植木之性,其本欲舒,其培欲平,其土欲故,其筑欲密。**"具体说,树根要舒展,培土要平均,土要用原来培育时的旧土,捣土要捣得密实。

懂得树木的天性,便可有的放矢,种树的方法自然而然就出来了:"**既然已,勿动勿虑,去不复顾。其莳也若子,其置也若弃,则其天者全而其性得矣。**""**其**",表假设,如果。"**莳**"(shì),栽种。"**若子**",像养育子女一样。已经这样(指上面列举的四个步骤:本舒,培平,土故,筑密),不要再去干涉它,也不要再去担心它;离开它,不要再回看。在种树的时候要像抚养子女一样上心,种好后要像丢东西那样把它置放一边。"**则其天者全而其性得矣**",那么树木的天性便得到了保全和实现。

讲完种树心得,郭橐驼进一步总结:"**故吾不害其长而已,非有能硕茂之也;不抑耗其实而已,非有能早而蕃之也。**"只是不妨碍树木的自然生长而已,并非有能使它长得硕大茂盛的方法;只是不抑制、不损耗它的果实的自然成熟过程而已,并非有能使它结果早且多的方法。

他植者则不然，根拳而土易，其培之也，若不过焉则不及。苟有能反是者，则又爱之太恩，忧之太勤，旦视而暮抚，已去而复顾。甚者爪其肤以验其生枯，摇其本以观其疏密，而木之性日以离矣。虽曰爱之，其实害之；虽曰忧之，其实仇之，故不我若也。吾又何能为哉！"

　　郭橐驼从正面论述种树之道，又以一般人的种法来对比，把"**能顺木之天，以致其性焉尔**"的道理讲得更周全、严密。

　　"**他植者则不然，根拳而土易，其培之也，若不过焉则不及**"，其余种树的人不是这样的。正确的种法是"**其本欲舒，其土欲故**"，树根本是要舒展的，土本是要用以前的旧土的，但他们相反，"**根拳而土易**"，树根蜷曲，更换新土；正确的种法是"**其培欲平**"，培土本是要平均的，但他们相反，"**其培之也，若不过焉则不及**"，培土不是过多就是不够；正确的种法是"**勿动勿虑，去不复顾。其莳也若子，其置也若弃**"，该照料的时候精心照料，该放手的时候弃之不顾，"**苟有能反是者，则又爱之太恩，忧之太勤，旦视而暮抚，已去而复顾。甚者爪其肤以验其生枯，摇其本以观其疏密，而木之性日以离矣**"，即使有能避免"**根拳而土易，其培之也，若不过焉则不及**"这个错误种法的，但接下来他们又做不到"**勿动勿虑，去不复顾。其莳也若子，其置也若弃**"，他们或者爱得太深，或者担心太过分，他们早也看晚也摸，已离开了，还要回头看看，更有甚者，用指甲划破树皮来检验它是活着还是枯死，摇晃树根来观察它是否种稳。"**疏密**"，松紧，指树木是否种得结实。这样，树木的天性就一天天地失去了。"**日以离**"，"**日**"作副词，一天天地；"**离**"，丧失。

由此郭橐驼再总结这种错误的种法,"**虽曰爱之,其实害之;虽曰忧之,其实仇之,故不我若也。吾又何能为哉**"。虽然说是爱树,其实是害树;虽然说是担心树,其实是仇视树,所以他们都不如我。我又能做什么呢!

问者曰:"以子之道,移之官理,可乎?"驼曰:"我知种树而已,官理,非吾业也。然吾居乡,见长人者好烦其令,若甚怜焉,而卒以祸。旦暮吏来而呼曰:'官命促尔耕,勖尔植,督尔获,早缫而绪,早织而缕,字而幼孩,遂而鸡豚。'鸣鼓而聚之,击木而召之。吾小人辍飧饔以劳吏者,且不得暇,又何以蕃吾生而安吾性耶?故病且怠。若是,则与吾业者其亦有类乎?"

通过郭橐驼之口讲明了种树的正确做法,柳宗元介入正题,引到治民之道上来,种树和治民,其事则异,其理相通。有人问郭橐驼种树的方法是否可转用于管理人民。郭橐驼说他只懂得种树,做官不是本业。这是先退一步,以切合郭橐驼的身份;再透过郭橐驼的观察,来评论当时的社会治理状况。

郭橐驼说:"**见长人者好烦其令,若甚怜焉,而卒以祸。**""**长(zhǎng)人者**",治理人民的官员。"**烦**",使动用法,使……多。郭橐驼见当地长官喜好频繁发布政令。好像很怜惜百姓,却以祸民而告终。这就是通常所说的,如果爱而不得其法的话,爱之反害之。

"**旦暮吏来而呼曰:'官命促尔耕,勖尔植,督尔获,早缫而绪,早织而缕,字而幼孩,遂而鸡豚。'鸣鼓而聚之,击木而召之。**""**勖**"(xù),勉励。"**缫**"(sāo),煮茧抽丝。"**绪**",丝头。"**字**",养育。"**遂**",顺利成长。从早到晚小吏都过来叫喊:长官命督促你们耕田,勉励你们种植，督责你们收获，早点缫好丝，早点纺好线，养好小孩，喂好鸡猪。鸣鼓击木，把人聚集、召拢起来。这几句话描写小吏们口含天宪，骚扰地方，鸡犬不宁，令百姓们不得安生，疲于应付。

"**吾小人辍飧饔以劳吏者，且不得暇，又何以蕃吾生而安吾性耶？故病且怠。**""**辍飧**（sūn）**饔**（yōng）"，不吃饭；"**辍**"，停止；"**飧**"，晚饭；"**饔**"，早饭。"**安吾性**"，即"安吾生"，过得安心。郭橐驼说：我们这些小民即使把早晚饭都放下去慰劳那些小吏，尚且不得空，又怎能过得安心呢？所以活着的滋味是困苦且疲惫。

"**若是，则与吾业者其亦有类乎？**"最后郭橐驼得出结论：像这个样子，那么与我们种树的行当大概也有类似之处吧？

问者曰："嘻，不亦善夫！吾问养树，得养人术。"传其事以为官戒。

提问的人于是感叹，本来问的是养树之道，结果得到了养人之术。柳宗元最后交代作此传记的目的：把这事记下来，以作为对官员们管理百姓的告诫。

【简评】

古人讨论政治问题，较少用抽象的概念语言来分析和论证，而好打比方，讲故事，这种方式活泼生动，富于一定的文学性，令读者容易理解和接受。例如，《老子》是主张顺其自然的无为之治的，他就打过一个比方，"治大国若烹小鲜"，"小鲜"是小鱼；治国理政，像烹调小鱼一样，小鱼禁不起翻动，同理，百姓禁不起折腾。这个比喻非常新鲜、精警，比长篇大论有力得多。本文可以说是柳宗元对《老子》"治大国若烹小鲜"的治国之道的进一步发挥,把烹鱼换成了种树。

柳宗元徐徐道来,层层铺垫。首先叙述郭橐驼姓名来历,这是一般传记的通常写法;然后写他神奇的职业成就,凡经他的手所种养的果树没有不好的,可谓种树圣手,更绝的是,旁人即使亦步亦趋地效法,也学不来。经过这多铺垫,当然令人想急切知道郭橐驼的诀窍。郭橐驼一语概括为"顺木之天,以致其性",即顺其自然、无损天性。这是全文的主旨之所在。其后,郭橐驼围绕着这个分三层予以解释:其一,阐明树木天性为何,提出树木天性中的四个必然倾向;其二,强调在"致其天性"的过程中,种树者要尽量约束个人意志,"勿动勿虑";其三,对照旁人的错误种法,以明操心过切,不顺应树木天性,不尊重树木成长规律,爱树适足以害树的道理。本段柳宗元写得相当精密,反复对照,多用排比,语言凝练,句式整齐,力量很足。

详细叙述郭橐驼的种树之道,不是为推广、传世,而是借此树立柳宗元心目中治国理政的标准、样板——同样是要尊重、顺应并实现民众的天性。但柳宗元没有从正面说,而借郭橐驼之口,描绘官吏骚扰民间、鸡犬不宁的景象,很明显,这与"顺民之天,以致其性"的正确做法背道而驰,对当道者的批评也就尽在不言中了。于是很自然地带出本文的写作用意,"传其事以为官戒"。

第十六讲
《桐叶封弟辨》
——柳宗元

　　古之传者有言：成王以桐叶与小弱弟戏，曰："以封汝。"周公入贺。王曰："戏也。"周公曰："天子不可戏。"乃封小弱弟于唐。

　　吾意不然。王之弟当封邪？周公宜以时言于王，不待其戏而贺以成之也。不当封邪？周公乃成其不中之戏，以地以人与小弱者为之主，其得为圣乎？

　　且周公以王之言不可苟焉而已，必从而成之邪？设有不幸，王以桐叶戏妇寺，亦将举而从之乎？凡王者之德，在行之何若。设未得其当，虽十易之不为病；要于其当，不可使易也，而况以其戏乎！若戏而必行之，是周公教王遂过也。

　　吾意周公辅成王，宜以道，从容优乐，要归之大中而已，必不逢其失而为之辞。又不当束缚之，驰骤之，使若牛马然，急则败矣。且家人父子尚不能以此自克，况号为君臣者邪！是直小丈夫缺缺者之事，非周公所宜用，故不可信。

　　或曰：封唐叔，史佚成之。

【解题】

《桐叶封弟辨》是柳宗元的一篇说理性的文章，主要是针对"桐叶封弟"这则历史故事，提出不同于既往的见解。"辨"是古代文体之一种，用来明辨某种现象、言行的真假是非。本文就"桐叶封弟"的故事来分析，这则故事在多种古籍中有内容相近的记载，大致来说，是周成王曾用梧桐叶剪成珪状，送给小弱弟，开玩笑封其为诸侯。辅佐成王的周公坚持"天子无戏言"，把分封的事情落实。历史上多是从正面肯定周公的做法，认为他辅导有方，能适机教育成王培养诚信的德性，不以戏言为借口不认账。柳宗元则从这则故事中读出了新意，认为以周公的明智，根本不可能教成王遂过。柳宗元读书很有怀疑和批判精神，常有异于流俗的独到见解，且思虑缜密，论证精细，逻辑性强，这在本文中有很好的反映。

【讲疏】

古之传者有言：成王以桐叶与小弱弟戏，曰："以封汝。"周公入贺。王曰："戏也。"周公曰："天子不可戏。"乃封小弱弟于唐。

"**传者**"，史传作者。"**成王**"，西周武王之子，登基时年纪尚少，由叔父周公姬旦辅政。周公在古代被认为是圣人，由他支持制定的"礼乐"奠定了中国传统社会的文化、伦理基础；孔子把复兴"礼乐"当成他的毕生理想，把不再梦到周公视为自己衰老的征兆。周公既然是这么大的圣人，就不可能做错事，但凡他的所为，其中必有深意在。"**小弱弟**"，成王之弟叔虞。唐，在今天山西翼城，是晋国的前身。

第十六讲 《桐叶封弟辨》

柳宗元首先交代清楚所要辨析的历史事件的概况：古代史传作者有言，周成王把一片梧桐叶送给小弱弟叔虞开玩笑，说：拿它来封你为诸侯。周公入宫庆贺。成王说：这是戏言。周公说：天子无戏言。于是封叔虞到唐地。

吾意不然。王之弟当封邪？周公宜以时言于王，不待其戏而贺以成之也。不当封邪？周公乃成其不中之戏，以地以人与小弱者为之主，其得为圣乎？

柳宗元从这个历史故事中看出了纰漏，看出了不合乎政治理性的地方。柳宗元的分析是：我认为不是这样的。如果成王的弟弟应当受封的话，周公该趁着合适的时候主动向成王进言，不必等到成王有了戏言再来庆贺，以促成这事；如果不应当受封的话，周公却促成成王的不恰当的玩笑话，把土地、人民封给小弱弟，令他为这块土地和人民的君主，难道可以称为圣人吗？**"不中之戏"**，不恰当、不合理的戏言。

且周公以王之言不可苟焉而已，必从而成之邪？设有不幸，王以桐叶戏妇寺，亦将举而从之乎？

但我们可以为周公辩护，周公不过是在维护"天子无戏言"的原则而已，作为君王，说过的话必须当真，必须得到兑现，否则有失信用，信用一旦丢掉，权威也将随之流失。柳宗元也考虑到了这一层，他说：况且，周公是认为成王的话不能随随便便，难道因此就一定要听从且促成这事吗？如果有不幸的事，成王把桐叶拿来和宫妇、宦官开玩笑，周公也要全都听从吗？

为了讲清楚该故事中周公做法的不合理，柳宗元先退一步，承认周公所维护的"天子无戏言"原则的正当性，然后提出一个假设来归谬：如果成王和女人、宦官之类的人开玩笑，也要拿桐叶封给他们，周公难道也要听从、促成吗？显然这是荒谬的。因为，在中国古代的主流政治观念中，女性和宦官之类的卑贱者，被视为天然败化国家的邪恶力量，是应被严禁干政的。

凡王者之德，在行之何若。设未得其当，虽十易之不为病；要于其当，不可使易也，而况以其戏乎！若戏而必行之，是周公教王遂过也。

道理辨析到这个地步，就要往深一层去想："君无戏言"还不能成为最高的"**王者之德**"；如果不成，那么究竟什么才是"**王者之德**"？这必须重点讨论。

柳宗元于是提出了他的看法：凡所谓"**王者之德**"，在于行事怎么样。假如行事不恰当，即使改十遍也不为过错；要是恰当的话，就不能再变了，何况是因为一句玩笑话呢！总之，柳宗元以为：王者的德性，不是严格践行他所说过的任何话，哪怕是玩笑话，以体现他说一不二的权威；而是行事的妥当与否。所作所为如果不妥当，即使有反复，为求其当，甚至反复多次，改来改去，也不为过。所作所为如果是妥当的，就要坚持，不必再变，更别说是因一句戏言！明乎此理，周公的做法便值得商榷——"**若戏而必行之，是周公教王遂过也。**"如果是戏言也一定要践行，这就是周公在教成王坚持、完成错误。"**遂**"，成全，成就。

如果周公是这样的话，等于用新的错误来强化从前的错误，是错上加错。但周公是圣人，行事没有不合理的。所以，接下来柳宗元要为周公辩护。

吾意周公辅成王，宜以道，从容优乐，要归之大中而已，必不逢其失而为之辞。又不当束缚之，驰骤之，使若牛马然，急则败矣。且家人父子尚不能以此自克，况号为君臣者邪！是直小丈夫缺缺者之事，非周公所宜用，故不可信。或曰：封唐叔，史佚成之。

柳宗元说：我以为周公辅佐成王，宜用大道，优裕从容，总之归于"**大中**"，必定不会逢迎成王的过失而为成王找借口。又不应当束缚成王，放任成王，就好像驱使牛马一样，紧张的话就会败事了。"**大中**"，恰当，最高的合理性。

这一段话是柳宗元对周公的行事风格的认识。他以为像周公这样的大政治家，辅佐幼主，必有其道，不会那么短视、功利，周公的方式一定是从容、闲适的，总之凡事恰到好处，必不会迎合成王的过失且找理由来文过饰非。也不会辅导成王从一个极端到另一个极端：要么严格限制，令成王毫无自主性，一句玩笑话也开不得，即使开了也要当真；要么放任自流，令成王想怎样就怎样，把玩笑话当成玩笑话。"**束缚**"和"**驰骤**"这两种极端做法，就与驱使牛马没两样。周公的做法是"**从容优乐**"，凡事能"**得其当**"，能"**归大中**"，自然就"**从容优乐**"；与"**从容优乐**"相反的情形是"**急**"，做事不合理，势必急迫。

而且，像家人父子这样的亲近关系都还不能拿"无戏言"来自相要求，何况在名分上是君臣呢？这不过是小丈夫的小聪明的事而已,并非周公所应该采用的,所以说这则故事不可信。有人说:封唐叔,是史佚这个人促成的。

【简评】

古代的政治理论中一直有"君无戏言"的说法。君王不能失信于人,否则有损权威。《论语》有言,"民无信不立",民众如果不再相信统治者,统治者就危险了,会垮台的。所以,"君无戏言"有它的合理性。这就要求君王,不能随便说话;而一旦说了,必须当真,不能托辞开玩笑,不算数。在这个观点看来,周成王拿桐叶封幼弟为诸侯,虽属戏言,但辅政的周公坚持兑现,既是为成王补过,又是教导成王为君,不愧为圣人。

柳宗元认为故事中周公的做法大有问题,他从"该不该"、"妥不妥"、"紧不紧"等三层来分析,一层比一层紧,波澜起伏;且每个层次都从正、反两个角度论证,有很强的张力。在这里也可看到柳宗元思考的深入以及严谨、周全。

第一层,"该不该"。此事的关键是成王的幼弟该不该封。该封的话,周公未能及时进言,是失职;不该封的话,周公却促成,把土地和人民交付不合适的人选,是不圣。把周公放到要么失职、要么不圣的两难境地中来考量,其做法的不妥显然易见。

第二层,"妥不妥"。柳宗元有深度思考的能力,他并未简单就事论事,而是讨论带有普遍意义的"王者之德"的问题,这是针对"天子无戏言"的论调。片面坚持"天子无戏言",还不是"王者之德",把事情做得妥妥的才是。柳宗元故意把话说极端,以形成对照之势:不妥的话,改十次都不算错;妥当的话,没必要改动。周公有悖于这个基本原则。

第三层,"紧不紧"。这是要为周公辩护,因为按照柳宗元的标准,故事中的周公简直在教成王"遂过",将错就错,错上加错,这说得就有点重了,不符合人们对周公作为圣人的一贯认知。不过柳宗元笔力强劲,另辟蹊径,把话又收回来。周公是圣人,从容优裕,考虑周到,行事圆满,绝不会顾一头失一头,被事情赶着走,尽露急态。所以这事不可能是周公这类级别的人做出来的,最后柳宗元提出另一种可能性:据说是史佚所为。

这篇小文章,文风的凌厉与舒缓相济,以此节奏张弛有度。柳宗元好用疑问、反诘的语调,把观点很尖锐地摆出来。如论周公:"其得为圣乎?""亦将举而充之乎?"笔挟锋芒,气势凌人。如果全文从头到尾都是这种语气,就过于激亢了;柳宗元适时也适当地降低语言的强度,如最后一段他论此事不合周公之风格,说"宜以道"、"非周公所宜用"等,相对来说舒缓得多。

第十七讲
《始得西山宴游记》
——柳宗元

　　自余为僇人,居是州,恒惴栗。其隙也,则施施而行,漫漫而游。日与其徒上高山,入深林,穷回溪,幽泉怪石,无远不到。到则披草而坐,倾壶而醉。醉则更相枕以卧,卧而梦。意有所极,梦亦同趣。觉而起,起而归。以为凡是州之山水有异态者,皆我有也,而未始知西山之怪特。

　　今年九月二十八日,因坐法华西亭,望西山,始指异之。遂命仆人过湘江,缘染溪,斫榛莽,焚茅茷,穷山之高而止。攀援而登,箕踞而遨,则凡数州之土壤,皆在衽席之下。其高下之势,岈然洼然,若垤若穴,尺寸千里,攒蹙累积,莫得遁隐。萦青缭白,外与天际,四望如一。然后知是山之特立,不与培塿为类。悠悠乎与颢气俱,而莫得其涯;洋洋乎与造物者游,而不知其所穷。引觞满酌,颓然就醉,不知日之入。苍然暮色,自远而至,至无所见,而犹不欲归。心凝形释,与万化冥合。然后知吾向之未始游,游于是乎始。

　　故为之文以志。是岁,元和四年也。

【题解】

《始得西山宴游记》是柳宗元所作的一篇游记。柳宗元自他所参与的顺宗永贞年间的政治改革运动失败后,于公元805年被贬为永州司马,由此开始了在永州长达十年的贬谪生活。唐代的永州尽管地域荒僻、文化落后,但风景颇佳。在此期间,柳宗元创作了大量以山水为主题的文学作品,最著名的当属《永州八记》,本文就是这个游记系列之首篇。

【讲疏】

自余为僇人,居是州,恒惴栗。其隟也,则施施而行,漫漫而游。

"**僇人**",即戮(lù)人,罪人。柳宗元参加"永贞革新"失败,受到政治打压,被逐出京城,贬到永州这样荒僻的地方,其实就是由人发落了,为待罪之身,因此自居罪人。"**惴栗**",不安、恐惧。既以"罪人"自居,无疑内心是惊恐不安的,精神一直处于高度紧绷的状态,不敢放松,所以说是"恒惴栗"。"其隟也",如果有缝隙,有个空闲的时间,"**则施施而行,漫漫而游**",就慢慢地走啊走,不带预设目标地游玩。"**施施**"(yíyí),徐行貌。"**漫漫**",漫无目的状。

日与其徒上高山,入深林,穷回溪,幽泉怪石,无远不到。到则披草而坐,倾壶而醉。醉则更相枕以卧,卧而梦。意有所极,梦亦同趣。觉而起,起而归。

每天都与同伴登上高山,进入密林,走到蜿蜒的溪水的尽头,幽泉怪石，不管多远，没有不到的。到后就地把草分开，坐下来，倒尽酒壶，一醉方休。醉了，就相枕而卧，卧倒就有了梦做。平时心中某些极想的念头，在梦里也有。睡醒了就起来，起来就回去。

这段写平时一整天出游的情况。"上"，"入"，"穷"，"无远不到"，柳宗元用这些动词，是在表现他的任性，他的负气，他的肆意，他的尽兴，他好像要把自己完全沉浸在游山玩水中，似乎有意不给自己留下一丁点儿喘息的空隙。我们看他下面纯用顶针的形式来写："**无远不到，到则披草而坐，倾壶而醉；醉则更相枕以卧，卧而梦；……觉而起，起而归。**"读起来觉得动作一气呵成，一环接一环，如云之行，如水之流，自然而然，毫无勉强、做作之态。但如果仔细体会、玩味，与其说柳宗元在纵放中有自如之态，不如说他是以麻醉来忘却失意；与其说柳宗元在游玩中获得极度的满足和快乐，倒不如说唯有在这样密不透风、满满实实的行程中，"**惴栗**"才没有滋长于心头的契机。甚至，柳宗元连"**梦**"也要占据——他说"**意有所极，梦亦同趣**"，平时不经意间会泛起某些美丽的遐想，居然在梦中也会有。本来，梦是最自由的，最难被人有意控制的，但柳宗元做梦也不敢做得太自由，梦不过是在老老实实地重复和呼应平常的"**意之所极**"。唯其如此，柳宗元方能暂时遗忘他是个"**僇人**"。

所以，从表面上看柳宗元快意游玩，任意所之，其实是对"**惴栗**"的有意压制。由此可知他平素背负着多大的心理压力！

以为凡是州之山水有异态者，皆我有也，而未始知西山之怪特。

有了这样的豪游，柳宗元以为凡永州这地方稍有特色的山水景致，都已为他所经历、赏玩了，未曾知居然还有个怪特的西山。从写法上讲，前面大段是柳宗元为介入正题做足铺垫，就是要衬托和突出"未始知西山之怪特"。

今年九月二十八日，因坐法华西亭，望西山，始指异之。

"**今年**"，即唐宪宗元和四年（公元809年）。"**法华西亭**"，当地有法华寺，柳宗元在寺内建有西亭，常在此亭内聚饮赋诗。这句话是说：当年九月二十八日，坐在法华寺西亭，远望西山，才指点着，发觉此山的怪异。"**始**"这个字是字眼，相当于一条分界线，把前面的游赏和今天陡然发觉的西山区分开。

遂命仆人过湘江，缘染溪，斫榛莽，焚茅茷，穷山之高而止。

"**湘江**"，应是潇水。"**染溪**"，即冉溪，是潇水的支流。"**缘**"，沿着。"**斫**"，砍。于是命仆人渡过潇水，沿着染溪，砍伐荆棘，焚烧杂草，一直登上山顶方才停下来。"**过湘江，缘染溪**"，是说路程之遥；"**斫榛莽，焚茅茷**"，是说地方之僻。路程既远，地方又僻，则人迹罕至，少有人知，难怪从前未曾听人说过有风景绝佳的西山。这还是在烘托西山之"**始得**"。

攀援而登，箕踞而遨，则凡数州之土壤，皆在衽席之下。其高下之势，岈然洼然，若垤若穴，尺寸千里，攒蹙累积，莫得遁隐。萦青缭白，外与天际，四望如一。

"**箕踞**"，是古人的一种坐姿，指像簸箕一样，两腿伸开，坐在地上,用在比较随意的场合;古人正式场合的坐姿是跪坐,即臀部压在脚后跟上。"**遨**",游赏。"**衽席**",坐垫。"**岈然**",山的深邃。"**洼然**",谷的低洼。"**垤**"(dié),蚂蚁洞旁边的小土堆。"**攒**",集聚。"**蹙**",紧缩。"**萦青缭白**",从字面上可以理解成萦回的是青山、缭绕的是白水,柳宗元这是有意浓缩字句,强化视觉效应;"**白**"指从山顶远眺到的潇水和湘水。

这段终于介入正题,从正面描写登山所见:在攀援中登上了西山的顶峰,随意坐着,纵目游赏,周围几个州的州境全在坐垫之下。这几个州地势高低不平,有像山深邃的,有像谷低洼的,有像蚁垤的,有像洞穴的,看起来似乎只在尺寸之间,事实上却有千里之远。这风景聚拢紧缩,层累迭积,尽收眼底,没有哪一处是可隐藏的。青山萦回,白水缭绕,与天相接,四面望去,天地浑然一体。

然后知是山之特立,不与培塿为类。悠悠乎与颢气俱,而莫得其涯;洋洋乎与造物者游,而不知其所穷。引觞满酌,颓然就醉,不知日之入。苍然暮色,自远而至,至无所见,而犹不欲归。心凝形释,与万化冥合。然后知吾向之未始游,游于是乎始。

这段写登山所感:然后才知道西山的特立、杰出,与普通山丘不是同一类。"**培塿**"(póulǒu),小土丘。

"**悠悠乎与颢气俱,而莫得其涯;洋洋乎与造物者游,而不知其所穷。**"这是写在挺立西山上非同一般的感受:似乎与天地间的元气合体,有悠远不尽之意,而寻不到它的边际;又好像和造物者同游,有洋洋自得之感,而不知道它的极境。"**颢气**"和"**造物者**",

在这里有些形而上的意味，泛指宇宙天地的始基和本原。西山之所以给予柳宗元从前那些"**培塿**"所不能给予的观感，原因也就在这里，柳宗元在西山上获得了与天地本原契合的神秘体验。

"**引觞满酌，颓然就醉，不知日之入。苍然暮色，自远而至，至无所见，而犹不欲归**。"拿起酒杯倒满，喝得东倒西歪，醉入梦乡，都不知道太阳的下山。暮色灰暗，自远渐近，直到什么也看不清了，但还是不想回去。写人在西山精神得以完全放松后的愉悦，以至于都遗忘了时间的存在，完全沉浸在这"**怪特**"中，有意思的是，同样醉倒，此刻柳宗元连梦也没有了。

"**心凝形释，与万化冥合**"，这句话有庄子哲学的意蕴："**形释**"是遗忘了身体的存在，"**释**"是放弃的意思，《孙子兵法》有"释人而任势"的说法，就是放弃人为而顺应、利用形势的力量，这里可解作"遗忘"。身体遗忘了，方可专注内心，"心凝"类似于《庄子·逍遥游》中的"其神凝"的境界，"**凝**"是"静"的意思，即精神处在静寂的状态。精神静寂，遗忘外在的形体，于是人就和"**万化**"——天地万物的变化——契合于一体。柳宗元以他的方式体验到了所谓"天人合一"的境界，这是心灵真正的解脱和释放。既臻此境，当然有"觉今是而昨非"的感觉了，于是说"**然后知吾向之未始游，游于是乎始**"，然后才知道以往都不算是"**游**"，前面已经说过，柳宗元看似洒脱、率性的游玩其实是对内心失意的麻痹，行为越放纵，内心越痛苦。唯有登上西山，"**游**"才开始，这是真正的"逍遥游"。

故为之文以志。是岁，元和四年也。

最后交代：特意写这篇文章记下来，这一年是元和四年。

【简评】

本文扣题极紧，通篇发挥"始得"二字。

"始得"，无疑包含着几层意思：一、以前未曾得，如今方见，是被忽略的新发现；二、发现的机缘纯属偶然，发现的过程势必艰难，且必然产生强烈的惊异感，如果发现不是出于偶然且不难得，以及没多少惊异，"始得"就是无根的；三、所得之山，一定有其独特的价值。所以，"始得"两个字，几乎就已明明白白地提示了写作的思路和线索。

为写西山之"始得"，柳宗元要先从"未曾得"开始；要从"未曾得"开始，又先从自己待罪永州、整日以游观为务说起。柳宗元写他平素的游观，范围是广大的，遍及永州；过程是不留间隙、高密度的。这么写，从空间和时间两个角度来穷尽永州的特色风景，意图表明不可能再有新奇之处——"以为凡是州之山水有异态者，皆我有也。"把话说得这么决绝，是以不可能有意外的发现来反衬西山被发现的意外，"始"字便有了着落。

西山的发现，当然是意外——"因坐法华西亭，望西山。"

初见之时，当然惊异——"始指异之。"

接近、深入的过程当然艰难——"遂命仆人过湘江，缘染溪，斫榛莽，焚茅茷，穷山之高而止。"

西山的价值当然是独特的——"然后知是山之特立，不与培塿为类。"柳宗元从西山体验到的，是"心凝形释，与万化冥合"的境界，这是精神的彻底超脱、心灵的完全解放，他终于领悟到"游"的真谛。"西山"于是以"特立"的形象与"培塿"区分开。这"特立"

未尝不是柳宗元所渴求的理想姿态,是他自身的写照。

所以,"始得西山"其实是柳宗元在迷失和痛苦中对自己理想人格的发现和确认。

第十八讲
《纵囚论》
——欧阳修

信义行于君子,而刑戮施于小人。刑入于死者,乃罪大恶极,此又小人之尤甚者也。宁以义死,不苟幸生,而视死如归,此又君子之尤难者也。

方唐太宗之六年,录大辟囚三百余人,纵使还家,约其自归以就死。是以君子之难能,期小人之尤者以必能也。其囚及期,而卒自归无后者。是君子之所难,而小人之所易也。此岂近于人情哉?

或曰:罪大恶极,诚小人矣;及施恩德以临之,可使变而为君子。盖恩德入人之深,而移人之速,有如是者矣。曰:太宗之为此,所以求此名也。然安知夫纵之去也,不意其必来以冀免,所以纵之乎?又安知夫被纵而去也,不意其自归而必获免,所以复来乎?夫意其必来而纵之,是上贼下之情也;意其必免而复来,是下贼上之心也。吾见上下交相贼以成此名也,乌有所谓施恩德与夫知信义者哉?不然,太宗施德于天下,于兹六年矣,不能使小人不为极恶大罪,而一日之恩,能使视死如归,而存信义。此又不通之论也!

然则何为而可?曰:纵而来归,杀之无赦。而又纵之,而又来,则可知为恩德之致尔。然此必无之事也。若夫纵而来归而赦之,可偶一为之尔。若屡为之,则杀人者皆不死。是可为天下之常法乎?不可为常者,其圣人之法乎?是以尧、舜、三王之治,必本于人情,不立异以为高,不逆情以干誉。

【解题】

《纵囚论》是欧阳修的一篇史论文章,议论的是发生在唐太宗贞观六年假释死刑犯的历史事件。唐太宗李世民是中国历史上的模范皇帝,他以儒家的仁政理想作为他的施政目标。公元633年,李世民将全国三百多名死刑犯假释回家,约定来年秋收后自行归狱受死。这些死刑犯感恩不已,到约定时间没有一名逃离,如期而至。李世民很高兴,当即下令释放全部犯人。此事在历史上传为美谈,如白居易《七德舞》诗赞颂:怨女三千放出宫,死囚四百来归狱。但欧阳修提出异议,批评唐太宗的做法不近人情,有沽名钓誉之嫌。

【讲疏】

信义行于君子,而刑戮施于小人。刑入于死者,乃罪大恶极,此又小人之尤甚者也。宁以义死,不苟幸生,而视死如归,此又君子之尤难者也。

欧阳修好打磨文章。本文开篇**"信义行于君子,而刑戮施于小人"**,就是精心锻炼出来的警句,对仗工整,铿锵有力。在欧阳修看来,对君子可讲信义,对小人要施刑戮。君子、小人,是从道德上对人进行区分,君子的道德在社会正常水准之上,小人则在下。"**刑入**

于死者，乃罪大恶极，此又小人之尤甚者也"，判刑到了死刑这个地步的，是罪大恶极之徒，这又是小人中最坏的。"**宁以义死，不苟幸生，而视死如归，此又君子之尤难者也**"，宁愿舍生取义，也不苟且偷生，视死如归，这又是连君子也为难的。

方唐太宗之六年，录大辟囚三百余人，纵使还家，约其自归以就死。是以君子之难能，期小人之尤者以必能也。其囚及期，而卒自归无后者。是君子之所难，而小人之所易也。此岂近于人情哉？

"**方**"，正。"**大辟**"（dà pì），死刑；"**辟**"，罪，而死又是所有罪中最大的，故称死刑为大辟。"**录**"，记录。欧阳修在上文讲到一般情况下君子和小人的道德表现，在此接着说：正当唐太宗贞观六年的时候，登记了死刑犯三百多人，释放令其回家，约好时间自行归来接受死刑。这是用连君子也难做到的事来期待小人中最坏的必能做到。那些死刑犯到了期限，最终自行归来没有爽约失信的。这是君子所难为的，而小人却易于做到。这事难道近于人情吗？

或曰：罪大恶极，诚小人矣；及施恩德以临之，可使变而为君子。盖恩德入人之深，而移人之速，有如是者矣。

可能有人会就此反驳：罪大恶极，诚然是小人。待唐太宗施恩德于这些人身上，可以使他们一变而为君子。本来恩德感动人之深厚，改变人之迅速，就有如这个样子的。

曰：太宗之为此，所以求此名也。然安知夫纵之去也，不意其必来以冀免，所以纵之乎？又安知夫被纵而去也，不意其自归而必获免，所以复来乎？夫意其必来而纵之，是上贼下之情也；意其必免而复来，是下贼上之心也。吾见上下交相贼以成此名也，乌有所谓施恩德与夫知信义者哉？不然，太宗施德于天下，于兹六年矣，不能使小人不为极恶大罪，而一日之恩，能使视死如归，而存信义。此又不通之论也！

欧阳修也考虑到这一层，他认为唐太宗之所以如此为之，就是要使人相信他的恩德有"入人之深、移人之速"的特效，就是要追求这种名声。问题是，唐太宗的心思怎么就一定成功实现呢？在欧阳修看来，这其实是唐太宗和三百名死刑犯的某种默契，双方进行了一场心照不宣的合谋，共同演好了这出圣君厚待坏人、坏人感恩变成好人的政治剧。

欧阳修反问："**然安知夫纵之去也，不意其必来以冀免，所以纵之乎？**"然而怎么知道当初唐太宗在释放这些囚徒时，不会料到他们必定会回来以希望获得赦免，所以才释放他们呢？也就是说，以唐太宗的精明睿智，在决策之初，不会想不到这些囚徒是靠不住的；想到了这一点仍然要执行，就不是对自己的感化诚意和能力抱有信心，也不是对人性的向善倾向抱有信心，而是算准了这些囚徒是理智的，算准了这些囚徒知道唯有依照约定回来，以感恩图报来配合树立唐太宗圣君的形象，方有遇赦活命的可能。

同样，"**又安知夫被纵而去也，不意其自归而必获免，所以复来乎？**"又怎么知道这些囚徒被释放，不会料到他们自行归来后必定获得赦免，所以再回来的呢？也就是说，从囚徒们的角度来揣摩，他们知道听唐太宗的话，忠实履行约定，不会没有好处；正是带着这样的预期，所以他们才回来的。

如果事情真是这样子的话——"**夫意其必来而纵之，是上贼下之情也；意其必免而复来，是下贼上之心也。**"料定囚徒们必然会回来所以才释放，这是君主在算计臣民的心思；料定唐太宗必然会赦免所以再回来，这是臣民在算计君主的心思。所以，欧阳修说："**吾见上下交相贼以成此名也，乌有所谓施恩德与夫知信义者哉？**"从这件事上只看到了上下双方在互相算计以成就这样的名声，唐太宗哪里在施予恩德？囚徒们又哪里算得上知信明义？

道理辨析至此，该事背后唐太宗和三百囚徒们各自隐藏的可能的用心已经昭然若揭了。但欧阳修又拓开，从反面设想："**不然，太宗施德于天下，于兹六年矣，不能使小人不为极恶大罪，而一日之恩，能使视死如归，而存信义。此又不通之论也。**"如果不是这样子的话，那么唐太宗作为一代圣君，登基已有六年，也就是施恩德于天下业已六年；在这六年中，不能够感化这些小人，使他们当初不去犯滔天大罪，而就一点短暂时间的恩德，居然能使他们视死如归，守信赴义，这又是说不通的。

然则何为而可？曰：纵而来归，杀之无赦。而又纵之，而又来，则可知为恩德之致尔。然此必无之事也。若夫纵而来归而赦之，可偶一为之尔。若屡为之，则杀人者皆不死。是可为天下之常法乎？不可为常者，其圣人之法乎？是以尧、舜、三王之治，必本于人情，不立异以为高，不逆情以干誉。

然而可能有人会问，那怎么做才叫妥当呢？欧阳修说：放了囚徒们，他们回来后，杀无赦；继续释放，他们又回来，这就可以知道确实是受唐太宗的恩德的感召所致了。但欧阳修认为，"**然此必无之事也**"，这是一定没有的事了。至于释放后再度回来，予以赦免，只可偶一为之。道理很明显，如果屡屡为之，那就意味着从今往后但凡杀人者都不会被处死。如果是这样的话，"**是可为天下之常法乎？不可为常者，其圣人之法乎**"，这可以成为天下奉行不变的常法吗？不可变为常态，难道是圣人的法吗？欧阳修在这里连下两个反问，一层紧逼一层，他的意思是，唐太宗的做法只能偶一为之，不能成为常态化的制度；如果不能成为常态化的制度，这就不算圣人的法。因为圣人是要为万世开太平的，是要立法供后代来遵循、仿效的。基于此，唐太宗也称不上是"圣人"。

所以，欧阳修最后得出结论："**是以尧、舜、三王之治，必本于人情，不立异以为高，不逆情以干誉**。"尧、舜以及三王等圣君治理天下，一定依据人之常情，不会故意做异于流俗的事以为高明，不会违背人情来博取称誉。"三王"，指夏、商和周三个朝代的开创者，即大禹、商汤和周文王、周武王。"人情"，人人都有也应该有的情感，如慈爱之心、孝顺之情。言外之意，欧阳修认为唐太宗是"**立异以为高，逆情以干誉**"，不近人情，有意标新立异，故做高明的事，来追求声名。

【简评】

唐太宗放死囚回家的事大有可疑之处，值得一探究竟，仔细辨析。

此事的重点，不在该不该放，任何时代，尊重犯人，即使是罪不容赦的死囚，给予必要的人道关怀，都是应该的；也不在于这个记载可不可信，几百名死囚居然全都如期而归，没有一个逃亡的。这事如果放在今天还有可能，因有技术手段来解决，可为假释的死囚装上定位装置，令他们无所遁形，根本逃不了，不敢不回来。在唐太宗时代，缺乏监督技术，全靠当事人的自律，几百人中难保没有抱侥幸心理的，可一个个自觉回来，像志士仁人一样蹈死不顾，这也太不合常理了。是不是史书在有意美化，篡改了事实？其实用不着篡改，这事假不了。在中国传统社会，像唐太宗这样英明神武的皇帝，决心要做某事，完全可以把事情做得很好看，做成他想要的样子。自然有人在私底下做足工夫，以保证死囚们准时回来，一个都不少。"人"要比高科技装备可靠得多。

所以，这事是好事，应该做，结果也不假，历史的记载没错。欧阳修觉得大有问题的，乃双方的用心、动机，即出发点不对。

第一，这些死刑犯一般罪大恶极，是小人中的小人，而视死如归，做到了连君子也为难的事，与常识相悖，不近人情。

其二，而事情就这样发生了，是唐太宗的宽大感化了他们吗？很可能这就是唐太宗导演这出戏的目的，是唐太宗想要的效果。很可能唐太宗做出这个决策时，就已打定主意，以赦免来诱导他们回来；很可能他们在被假释时，就已打定主意一定回来，知道唐太宗是以赦免为诱饵。很可能这是唐太宗和死囚们心照不宣的默契，双方在互相揣摩，按剧情需要完美地表演着自己该做的。否则，如果唐太宗真有这么大的道德感染力，就不会有人犯罪入刑了。讲唐太宗把小人改造成了君子，是说不通的。

其三，正确的做法，是保持动机的纯粹。假释死囚可以，不过不赦免。而且唐太宗的做法只能偶一为之，不能形成常态，否则，这是昭告天下，杀人不受死。唐太宗的做法不足为训，施政一定要本于人情，动机不纯，道德就会被伤害。

欧阳修立足于人之常情，就看清楚了唐太宗恩德深厚之后隐藏的好名的用心。这是很难得的。这也提示人们，有违常识的道德，远远高于人情的道德，都是可疑的。

第十九讲
《五代史伶官传序》
——欧阳修

　　呜呼！盛衰之理，虽曰天命，岂非人事哉！原庄宗之所以得天下，与其所以失之者，可以知之矣。

　　世言晋王之将终也，以三矢赐庄宗而告之曰："梁，吾仇也；燕王，吾所立；契丹与吾约为兄弟；而皆背晋以归梁。此三者，吾遗恨也。与尔三矢，尔其无忘乃父之志！"庄宗受而藏之于庙。其后用兵，则遣从事以一少牢告庙，请其矢，盛以锦囊，负而前驱，及凯旋而纳之。方其系燕父子以组，函梁君臣之首，入于太庙，还矢先王，而告以成功，其意气之盛，可谓壮哉！及仇雠已灭，天下已定，一夫夜呼，乱者四应，仓皇东出，未及见贼而士卒离散，君臣相顾，不知所归。至于誓天断发，泣下沾襟，何其衰也！岂得之难而失之易欤？抑本其成败之迹，而皆自于人欤？

　　《书》曰："满招损，谦得益。"忧劳可以兴国，逸豫可以亡身，自然之理也。故方其盛也，举天下之豪杰，莫能与之争；及其衰也，数十伶人困之，而身死国灭，为天下笑。夫祸患常积于忽微，而智勇多困于所溺，岂独伶人也哉！作《伶官传》。

【解题】

欧阳修是北宋文豪，他有志于效法孔子编订《春秋》的精神，重修《五代史》，再度整理、叙述五代这个大动乱年代里纷纷纭纭的历史，并予以褒贬是非，来阐明和确立一种合乎理想的社会秩序。《伶官传》是《新五代史》中之一篇，顾名思义，主要记载伶人的事迹。伶人，指演员，在正统政治伦理观念中属于身份卑贱的阶层。后唐庄宗皇帝李存勖，本来是很有作为的，继承了其父晋王李克用的遗志，建立了五代之中最强大的后唐政权。这位皇帝是沙陀人，在治国理政等"正务"之余，私人爱好颇多，尤以音乐、戏曲为最。由此，有许多伶人夤缘冒进，备受庄宗信任，并充任耳目，深度干涉政治。欧阳修抱有正统的政治观念，认为伶人等奸佞逢迎庄宗的兴趣，使得庄宗精神懈怠、贪图安逸，是造成庄宗李存勖败亡的原因。本文就是《伶官传》的序，提出朝代之盛衰取决于人事的观点，把历史的变动看作人为的结果，这是欧阳修历史观的卓越之处，但是欧阳修狭隘地理解"人事"，将其最终缩减到个人精神的层面，定格为主观上的勤勉忧劳与否，这又是欧阳修历史观的局限了。

【讲疏】

呜呼！盛衰之理，虽曰天命，岂非人事哉！原庄宗之所以得天下，与其所以失之者，可以知之矣。

欧阳修《五代史》中表明作者态度的史论，多以"呜呼"开头，这是要表示他强烈的情感倾向，也是因为五代之际天下扰扰，不像话的事太多，看不过眼，不由感慨。"**盛衰之理**"，朝代兴衰、成败的理据。"**天命**",天意,与"**人事**"相对立;古人有种观念,认为人世的变化乃由超越人事的天意所决定。

一个朝代的盛衰,其原因虽然说是在天意,难道不也是人为吗?追究庄宗之所以得到天下与他之所以丧失天下的根由,就可以知道了。"**原**",是追究事情本原、起因的意思。后唐庄宗李存勖于公元923年开朝称帝,926年在洛阳兵变中被害,在位仅三年。

本段直截了当摆出观点:盛衰不由天命,而在人事;并准备以庄宗忽兴忽灭的史实为例,来证明这一点。

世言晋王之将终也,以三矢赐庄宗而告之曰:"梁,吾仇也;燕王,吾所立;契丹与吾约为兄弟;而皆背晋以归梁。此三者,吾遗恨也。与尔三矢,尔其无忘乃父之志!"庄宗受而藏之于庙。其后用兵,则遣从事以一少牢告庙,请其矢,盛以锦囊,负而前驱,及凯旋而纳之。

世人都说晋王李克用将要辞世时,把三只箭赐给其子李存勖,并告诉他:"梁,是我的仇敌;燕王,是我所扶持起来的;契丹,与我约为兄弟。但都背弃了我而归附于梁。这三事,是我的遗恨。给你三只箭,你不要忘记你父亲的遗志。"

"**梁**",指的是后梁太祖朱温,又名全忠,原本是唐末起义军领袖黄巢的部将,后背叛降唐,在唐末的大动荡中乘势崛起,建立后梁政权,是李克用的劲敌。"**燕王**",本指当时地方军阀、卢龙节度使刘仁恭,他曾受过李克用的提拔;其子刘守光后被朱温封为燕王,这里以"**燕王**"来称呼刘仁恭,是笼统的说法。

庄宗领受三箭并将其藏在太庙中。"**庙**",指供奉李克用灵位的场所；庙有神圣的意味，藏箭于庙，是郑重其事的意思，表示完成李克用的遗命乃他当前最紧迫、最急切的使命。其后在用兵打仗之前，就派遣一名从事用少牢的礼仪祭祀于庙，请取出箭，盛入锦囊中，带着它打仗，等凯旋归来，再把箭放回太庙。"**少牢**"，古代祭祀的礼节，用一猪一羊为祭品。

本段写庄宗李存勖对父亲李克用的遗恨高度在意，并将其上升到一种类似于宗教仪式般的行为，以示虔敬：藏箭于庙，用兵前特意用少牢来告庙，取箭并盛入锦囊，背着它作战，得胜归来，重新藏入庙中。每一个环节，每一个动作，无不是在告诫、激励他自己：勿忘父志，时刻警惕，念念在心。

方其系燕父子以组，函梁君臣之首，入于太庙，还矢先王，而告以成功，其意气之盛，可谓壮哉！及仇雠已灭，天下已定，一夫夜呼，乱者四应，仓皇东出，未及见贼而士卒离散，君臣相顾，不知所归。至于誓天断发，泣下沾襟，何其衰也！岂得之难而失之易欤？抑本其成败之迹，而皆自于人欤？

精神的专注自然带来决心、勇气和力量。所以庄宗在强大精神力量的激使下，连克劲敌。"**系**"，捆绑。"**组**"，绳索。"**函**"，木匣子，这里作动词用，用木匣盛放。当庄宗用绳索捆绑燕王父子，用木匣盛放后梁君臣首级，献于太庙，把箭归还先王，禀告完成遗命、大功已成，那个时候他意气飞扬，是何等的豪壮啊！

这是以浓墨重彩渲染庄宗大仇得报后的意气风发、志得意满，可谓庄宗的人生巅峰时刻。没有什么事比得报父仇、平定天下更令人快意的了，但其时庄宗并未完全统一天下，后唐政权的控制范围也主要集中在北方，欧阳修之所以这么写，是有意把庄宗推上顶峰，为他之后的跌入谷底作铺垫；用庄宗处于巅峰时刻的得意来对比跌入谷底后的凄惨，以明开篇所说的"**盛衰之理**"。

"**及仇雠已灭，天下已定，一夫夜呼，乱者四应，仓皇东出，未及见贼而士卒离散，君臣相顾，不知所归。至于誓天断发，泣下沾襟，何其衰也！**"等仇人已灭，天下已定，一个匹夫在夜里呼叫，作乱者四面响应，庄宗仓皇东逃，还没见到贼人，士卒就离散，君臣面面相觑，不知到哪里去才好。至于剪断头发，向天发誓，眼泪都沾湿了衣襟，这个时候又是何等的衰落啊！

"**一夫**"指的是当时后唐魏州军的士兵皇甫晖，此人带头作乱，引发了连锁反应，造成庄宗众叛亲离。庄宗后又遇上部下哗变，终被流箭射杀。欧阳修在这里极力铺叙庄宗大势已去的惨状，写尽了庄宗的势穷力竭，无计可施，坐等灭亡，窝囊不堪。庄宗从"**可谓壮哉**"到"**何其衰也**"，其间只有短短的三年。原因又何在呢？不能不引发人沉重的思索。

"**岂得之难而失之易欤？抑本其成败之迹，而皆自于人欤？**"难道是得到天下困难而失掉天下容易吗？还是依据他事业成败的过程，都出自于人为呢？"**本**"，根据，依据。"**抑**"，或者。"**迹**"，业迹，遗迹。

得难失易，是普通人对历史的空泛之论，欧阳修显然不赞成用这种说法来解释庄公的事；欧阳修的结论是后者——成败出于人为，换言之，是庄宗的自作自受。

《书》曰："满招损，谦得益。"忧劳可以兴国，逸豫可以亡身，自然之理也。故方其盛也，举天下之豪杰，莫能与之争；及其衰也，数十伶人困之，而身死国灭，为天下笑。夫祸患常积于忽微，而智勇多困于所溺，岂独伶人也哉！作《伶官传》。

欧阳修所指的"皆自于人"究竟何指呢？先引用了《尚书》中的古老格言："**满招损，谦受益。**"自满招致损害，谦逊则能得益。在此进一步发挥"**忧劳可以兴国，逸豫可以亡身**"，这两句话中"国"与"身"互文，即忧患和勤劳可以令国家兴盛、自己发达，而安逸享乐则可以令国破身亡。此乃"**自然之理**"，也就是说，这个道理自是如此，势必如此，是自明的。然后再次落到庄公身上："**故方其盛也，举天下之豪杰，莫能与之争；及其衰也，数十伶人困之，而身死国灭，为天下笑。**"所以当庄公处在全盛之时，普天下的豪杰，不能与他相争；等到衰败之时，几十个伶人就困住了他，且身死国灭，被天下人耻笑。庄宗死于亲军的叛乱，统帅亲军的从马直指挥使，就是伶人郭从谦。

"**夫祸患常积于忽微，而智勇多困于所溺，岂独伶人也哉！作《伶官传》。**"祸患常常是由容易被忽略的那些微细的因素积累起来的，而聪明和勇敢的人大多被所溺爱的东西所困，哪里仅仅是伶人呢！所以作《伶官传》。

【简评】

欧阳修《五代史》中的众多史论有个非常明显的特征：带有强烈的个人情感色彩。这些史论，往往以"呜呼"开头，可见欧阳修认为他所记叙的这些历史现象、人物、事实等，足以感慨。不过我们要注意，欧阳修新撰《五代史》，有他明确的训世意图，他之所以感慨史事，不仅仅是就事论事，同时未尝不是针对着他所生活的时代之某些弊端而借机疾呼。不管怎样，浓厚的抒情性是欧阳修此类史论的一大共性。

像本文，开篇"呜呼"之后，直接提出观点，国家的盛衰，与其说取决于天命，毋宁说在人事。说是开门见山，但欧阳修并未削弱情感的强度，先退一步，暂归"天命"，随即以反诘的口吻，肯定终究还是"人事"。经过这番蓄势和转折，盛衰在于人事的观点格外突出。

欧阳修以后唐庄宗李存勖得天下和失天下的史实为例来证明这个观点。为使观点鲜明、无疑，欧阳修不惜浓墨重彩，大肆铺陈，渲染其得天下时的意气之盛，以及失天下时的境况之衰，叙述中又贯穿着得天下之难以及失天下之易的脉络；从盛与衰、难与易的角度，把得与失的对比往尖锐化、极端化的方向推，如此一来，结论不言而喻：成败由人而不由天。

欧阳修作文好炼句，本文痕迹明显，他提炼的警句，像"忧劳可以兴国，逸豫可以亡身"，"祸患常积于忽微，智勇多困于所溺"等，工稳妥帖，精到有力。

第二十讲
《读〈孟尝君传〉》
——王安石

　　世皆称孟尝君能得士，士以故归之，而卒赖其力，以脱于虎豹之秦。

　　嗟乎！孟尝君特鸡鸣狗盗之雄耳，岂足以言得士？不然，擅齐之强，得一士焉，宜可以南面而制秦，尚何取鸡鸣狗盗之力哉？

　　夫鸡鸣狗盗之出其门，此士之所以不至也。

【解题】

　　本文是北宋文学家王安石读《史记·孟尝君列传》后的感想。孟尝君姓田名文，是齐国的王族，战国四大公子之一，以善于招贤聚士闻名于世，据说他门下有食客三千人。孟尝君曾受秦昭王之邀赴秦，后困居秦国，前途叵测。幸亏门下有狗盗之徒，盗窃了秦王宝库中的纯白狐裘，献给秦王宠妃，得以出秦；又有鸡鸣之徒，善学鸡叫，赚开了边境的关门，得以出关。孟尝君连鸡鸣狗盗之徒也肯接纳和豢养，并在关键时刻得到了其人的回报，既可证其量大，也足见其识深。所以历来对孟尝君的容人之量和知人之明都倍加称许。但王安石不以为然，做起了翻案文章，直指孟尝君根本不足以言得士。本文议论纵横，意气风发，篇幅虽然短小，仅四句话，却精悍有力，是古代文学史上最出色的短文之一。

【讲疏】

世皆称孟尝君能得士，士以故归之，而卒赖其力，以脱于虎豹之秦。

王安石先归纳《孟尝君列传》的主要内容，好树立批驳的靶子：世人都称道孟尝君能得士，士也因为这个缘故归附他，而最终依靠他们的力量，从虎豹一样凶残的秦国脱身。

战国时代盛行养士之风，"士"泛指有才华的人。孟尝君是当时最擅长罗致人才的，他的做法是来者不拒，兼收并蓄，只要是投奔到他门下，没有不接纳的。而且态度谦逊，礼贤下士，不以富贵骄人。孟尝君有个笼络人心的绝活，每当招待来客，他亲自接谈，屏风后有专门的书记人员负责记下交谈内容以及来客亲戚居所，等客人离开，孟尝君即派人前往其亲戚家慰问、馈赠。类似于这样的事还有很多，所以孟尝君的人格魅力很大，能得人之死力。他门下鱼龙混杂，什么人都有，既有奇材异能之士，也有鸡鸣狗盗之徒。特别是后者，幸亏借助此等贼人的力量，孟尝君才能艰难地逃离秦国，幸免于难。也正因为如此，更显示出孟尝君超越常人的心胸和眼光：能容世人都容不下的小偷，能看到世人都看不到的贼人的作用。孟尝君号称善于"**得士**"，确实不是虚言。

嗟乎！孟尝君特鸡鸣狗盗之雄耳，岂足以言得士？

第二句话，王安石急转，提出与世人截然相反的观点：唉！孟尝君不过是鸡鸣狗盗的头子而已，哪里称得上善于得到人才呢？

王安石还给孟尝君贴上了一个标签——"**鸡鸣狗盗之雄**"，也就是小偷的头子。用了一个"**特**"字，即"只不过"，再配合反问"**岂足以言得士**"，这就很有点不屑的意味了。

不然，擅齐之强，得一士焉，宜可以南面而制秦，尚何取鸡鸣狗盗之力哉？

然则凭什么说孟尝君得不了士呢？王安石没有从正面论证，而是从反面来发力：如果不是这样的，那么以孟尝君所专有的齐国之强大，只要得到一名真正的"**士**"，应该可以南面称王而制服秦国的，哪里用得上鸡鸣狗盗的力量呢！

"**擅**"（shàn），专有。"**南面**"，古代君王的位置是坐北朝南，"南面"在这里作动词用，称王为尊的意思。王安石认为：齐国本来是能与秦国相抗衡的第一等强国，以孟尝君专有齐王信任的有利条件，只要得到一个真正的"**士**"，有他的辅佐，凭借齐国的强大实力，应该可以制服秦国的。

我们可以为王安石的观点补充案例来证明，像《三国演义》里所描写的，刘备在未遇诸葛亮之前，栖遑如丧家之犬，从北方流离到南方，总是寄人篱下，没自己的事业；自从得了"诸葛亮"这一"士"之后，局面顿时改观，开基立业，与曹操、孙权鼎足而立，三分天下。所以，真正的"士"，其力量是不容小觑的，不是反映于为他所服务的主人解困脱难，而是使整个国家强大起来，使国势得以伸张，国威得以振作。在这种情况下，怎么会用得着鸡鸣狗盗而从秦国狼狈地出逃呢！王安石的意思是，如果孟尝君真有"士"在身边的话，他根本就不会沦落到去秦国的地步，更别谈此行如此仓皇；反过来说，孟尝君把自己弄得这么狼狈，恰好说明他身边其实无"士"，他并不善于延揽真正有德性、有智慧的人才。

很明显，王安石把"士"和鸡鸣狗盗之徒严格区分开，后者不过是有点偷鸡摸狗的本事而已，而前者则具有开创局面、使国家长治久安的力量。我们似乎读出了这其实是王安石的自许，他本人就是他所说的"士"。当然，王安石能作如此想，是有历史背景的。北宋时，受过良好教育、有着极高文化素养的"士"阶层逐渐崛起，他们自我意识高涨，雄心勃勃，其关怀已超越了一己之私，而以天下为己任，甚至还有为万世开太平的理想。正是有这样的历史土壤，所以诞生了王安石轻视孟尝君不足以得"士"的观念。

夫鸡鸣狗盗之出其门，此士之所以不至也。

最后总结孟尝君何以不善得士：鸡鸣狗盗之徒出入于孟尝君的门下，这就是"士"不愿意来投奔的原因。因为牛骥同槽，则使英雄齿冷。在王安石看来，真正的"士"，有节操，有志气，洁身自好，自视甚高，对于自己居处的环境是有要求的；他们看到小偷贼人等下三滥之徒充斥于孟尝君左右，认为与这些人共事、为伍是对自己的羞辱，当然就不肯来孟尝君这里了。

【简评】

这篇短小的读后感，写得虎虎有生气，很有特色，可谓妙文。

文章层次清晰，起承转合，井然有序。起笔简括孟尝君事迹，树好批驳的靶子；紧接着点出孟尝君不过"鸡鸣狗盗之雄"，以反诘的语气斩钉截铁地亮明观点：孟尝君不善得"士"；其后随之急转，不直接论证，而作一假设，指出如果孟尝君真能得"士"，自当凭恃齐国的强大来制服秦国，如此根本用不上鸡鸣狗盗；这也为最后的总结奠定了基础，正因为鸡鸣狗盗等一帮子不入流者出入于孟尝君门下，才造成真正的"士"不屑前来。

此外，文章还表明了作者王安石卓越的眼光。眼光之卓越，不是说他看透孟尝君实不足以言得"士"，从而澄清、撤销了上千年来层叠累加于孟尝君身上过高的评价；而是说，王安石重新定义了"士"，把"士"从一般意义上的能人中提升出来，赋予其极高的权重，寄托了极大的期待。从这种高度理想化的"士"来着眼，很自然地就看出孟尝君身边只有解决细枝末节的能人，而无统筹全局的"士"。同时，这卓越眼光的背后，所流露的是王安石充沛、强健的底气，因为他对"士"的力量有足够的信心。

第二十一讲
《留侯论》
——苏轼

古之所谓豪杰之士者,必有过人之节。人情有所不能忍者,匹夫见辱,拔剑而起,挺身而斗,此不足为勇也。天下有大勇者,卒然临之而不惊,无故加之而不怒。此其所挟持者甚大,而其志甚远也。

夫子房受书于圯上之老人也,其事甚怪。然亦安知其非秦之世,有隐君子者出而试之?观其所以微见其意者,皆圣贤相与警戒之义;而世不察,以为鬼物,亦已过矣。且其意不在书。

当韩之亡,秦之方盛也,以刀锯鼎镬待天下之士。其平居无罪夷灭者,不可胜数。虽有贲、育,无所复施。夫持法太急者,其锋不可犯,而其势未可乘。子房不忍忿忿之心,以匹夫之力而逞于一击之间;当此之时,子房之不死者,其间不能容发,盖亦已危矣。

千金之子,不死于盗贼,何者?其身之可爱,而盗贼之不足以死也。子房以盖世之才,不为伊尹、太公之谋,而特出于荆轲、聂政之计,以侥幸于不死,此圯上之老人所为深惜者也。是故倨傲鲜腆而深折之。彼其能有所忍也,然后可以就大事,故曰:"孺子可教也。"

楚庄王伐郑,郑伯肉袒牵羊以逆。庄王曰:"其君能下人,必能信用其民矣。"遂舍之。勾践之困于会稽，而归臣妾于吴者，三年而不倦。且夫有报人之志，而不能下人者，是匹夫之刚也。夫老人者，以为子房才有余，而忧其度量之不足，故深折其少年刚锐之气，使之忍小忿而就大谋。何则？非有生平之素，卒然相遇于草野之间，而命以仆妾之役，油然而不怪者，此固秦皇之所不能惊，而项籍之所不能怒也。

观夫高祖之所以胜，而项籍之所以败者，在能忍与不能忍之间而已矣。项籍唯不能忍，是以百战百胜而轻用其锋；高祖忍之，养其全锋而待其弊，此子房教之也。当淮阴破齐而欲自王，高祖发怒，见于词色。由此观之，犹有刚强不忍之气，非子房其谁全之？

太史公疑子房以为魁梧奇伟，而其状貌乃如妇人女子，不称其志气。呜呼！此其所以为子房欤！

【解题】

本文是一篇历史人物评论，所论的对象是西汉开国功臣、一生富有传奇色彩的留侯张良。张良，字子房，本是韩国贵族，在韩国被秦灭掉后，散尽家财，招揽死士，刺杀秦始皇；在博浪沙一击未成，受秦王朝通缉，隐藏于下邳。有回碰上一个来历不明的神秘老人，老人故意把鞋子丢到桥下，命张良捡起来。张良那个时候年纪还轻，血气方刚，认为是对他的羞辱，生气之极，准备揍老人，考虑到他是长者，忍住了，勉强给老人捡上来。老人又提出非分之求，要张良为他穿好鞋。张良长跪在地，为老人穿上。老人大笑而去，与张良约好三天后原地见面，张良失约两次后，终于第三次下狠心夜半等候，得到了老人的嘉许，老人送他一部兵书，名叫《太公兵法》。张良熟读兵书后，智谋出众，扶助刘邦，建立汉朝。这个传奇味道浓厚的故事，重点是张良蒙异人传授了兵书，所以有智慧了，满足了普通人对非凡际遇改变人之命运的心理期待。但苏轼独具慧眼，他认为重心不是书，而是这个过程对张良心性的砥砺和磨练，使张良彻底成熟起来。

【讲疏】

　　古之所谓豪杰之士者，必有过人之节。人情有所不能忍者，匹夫见辱，拔剑而起，挺身而斗，此不足为勇也。天下有大勇者，卒然临之而不惊，无故加之而不怒。此其所挟持者甚大，而其志甚远也。

　　苏轼的史论文章，很喜欢在开头来一段高屋建瓴式的议论，立足于普遍层面归纳某类现象、人物的共性，以笼罩全篇。如本文论张良，开篇大讲豪杰之士不同于常人之处，即不同流俗的节操。
　　古代所说的豪杰之士，必然有过人的节操。对于人之常情所无法忍受的事，普通人被侮辱，通常拔剑而起，挺身而出与人搏斗，这种行为不足以称为"勇敢"。天下真正有英勇气概的人，遇上突发事况一点也不惊慌，无缘无故受横加之辱也不愤怒。这是因为他们抱负很大，志向很远。
　　本段在写法上也是有讲究的，层次清晰，正反对照。提笔总说豪杰之士有"**过人之节**"，至于这个"**过人之节**"究竟指什么，却不明说；宕开一笔，说"**匹夫**"忍不住羞愤，敢于拿剑拼命，可不叫"**勇**"。也就是说，"**过人之节**"是"**勇**"，但不是匹夫匹妇不怕死式的"小勇"，这是要以"**匹夫之勇**"来反衬"**豪杰之大勇**"；于是顺理成章点出"**天下有大勇者**"，其表现是"**卒然临之而不惊，无故加之而不怒**"；最后解释缘由，以作总结，原来豪杰们抱负大、志向远。短短一个开头,写得跌宕起伏,卓荦不凡。

夫子房受书于圯上之老人也,其事甚怪。然亦安知其非秦之世,有隐君子者出而试之。观其所以微见其意者,皆圣贤相与警戒之义;而世不察,以为鬼物,亦已过矣。且其意不在书。

然后落到张良身上。张良一生值得称道和评价的事迹太多了,苏轼这里感兴趣的,是张良结缘圯上老人的那段传奇经历。

苏轼说:张良从圯上老人那里接受《太公兵法》一书,这件事很奇怪。然而又怎么知道不是秦那个时代有隐士出来试察张良呢。看那老人所微微流露出来的意旨,都是圣人相互警戒的大义,但世人不分辨,认为是神话,就有点过了。况且,老人的意图不在书本身。

当韩之亡,秦之方盛也,以刀锯鼎镬待天下之士。其平居无罪夷灭者,不可胜数。虽有贲、育,无所复施。夫持法太急者,其锋不可犯,而其势未可乘。子房不忍忿忿之心,以匹夫之力而逞于一击之间;当此之时,子房之不死者,其间不能容发,盖亦已危矣。

当韩国灭亡、秦国正盛的时候,秦用高压手段对待天下的士人。"**刀锯鼎镬**",指刀锯、油锅等各种刑具,这里是比喻秦国统治的凶残和暴虐。"**其平居无罪夷灭者,不可胜数。**"就连平时清白无罪都被杀头灭族的,数不胜数。在这种高压氛围下,即使有孟贲、夏育一样的勇士,也没有什么办法。"**贲、育**",指传说中的勇士孟贲,夏育,他们力气大,本事高,因此他们的名字被后来视为勇士的象征。"**夷灭**",灭族。"**夫持法太急者,其锋不可犯,而其势未可乘。**"

通常来说,在国家用法太急切严苛的时代,它的锋芒是不可触犯的,而且它的气势是不可凭借的。苏轼有意夸张秦统治的残暴以及无罪者的夷灭,就是为了强化:轻举妄动是不明智的。这就好比在国家严厉打击犯罪行径时,如果顶风作案后果将会很严重一样。但是张良忍不住要出头挑事,"**子房不忍忿忿之心,以匹夫之力而逞于一击之间。**"张良家族三代相韩,与韩同命运,韩国灭亡,不胜愤怒,所以要刺杀秦始皇为韩报仇。"不忍",是忍不住的意思。张良忍不住愤怒的情绪,凭借匹夫的力量而逞快于一次刺杀。哪有这么侥幸的事呢?"**当此之时,子房之不死者,其间不能容发,盖亦已危矣。**"在那个时候,张良是没死,可生死的间隙容不下一根头发,形势也太危急了。用"间不容发"来突出当时局面的险象环生,张良生与死之间的距离只隔一根头发,随时有可能遭遇不测。

千金之子,不死于盗贼,何者?其身之可爱,而盗贼之不足以死也。子房以盖世之才,不为伊尹、太公之谋,而特出于荆轲、聂政之计,以侥幸于不死,此圯上老人所为深惜者也。是故倨傲鲜腆而深折之。彼其能有所忍也,然后可以就大事,故曰:"孺子可教也。"

为了说明张良忍不住愤怒以匹夫之力刺杀始皇的不理智,苏轼又把笔锋宕开,打了一个比方:"**千金之子,不死于盗贼,何者?其身之可爱,而盗贼之不足以死也。**"家产千金的富家子弟,不会与盗贼拼命而死,是什么缘故?因为他的生命很可贵,死在盗贼手上太划不来了。真的爱惜自己的话,就不会轻易去拼命和冒险。然后再联系到张良身上:"**子房以盖世之才,不为伊尹、太公之谋,而特出于荆轲、聂政之计,以侥幸于不死,此圯上老人所为深惜者也。**"

在苏轼看来，那老人就认为张良不懂得爱惜自己。张良有超迈世俗的高才，不去做伊尹、太公式的上谋，却只出荆轲、聂政式的下计，从而侥幸不死，这就是圮上老人所深觉可惜的事。"**伊尹**"，商汤的佐臣。"**太公**"，即姜太公，助周武王灭商建周。"**荆轲、聂政**"，是战国时的著名刺客。苏轼说：那个神秘的老人，为张良惋惜，明明有伊尹、太公的智慧，却不发挥所长，去效仿荆轲、聂政去干刺杀，没把命丢掉，纯属侥幸。有鉴于此，老人要启发、教导张良："**是故倨傲鲜腆而深折之。彼其能有所忍也，然后可以就大事，故曰：'孺子可教也。'**"所以故意用倨傲、无礼的方式来深挫重折张良的心气。"**鲜腆**"，无礼的意思。张良要是能够受得起、忍得住，然后就可以成就一番大事了，因此说"孺子可教"。这里的"**孺子可教也**"，照应前面的"**观其所以微见其意者，皆圣贤相与警戒之义**"。苏轼读书有得，觉察到这几个字不简单，其后饱含着老人成就张良的一番深意；老人的本意是要"**教**"张良，而张良之所以被老人认为"**可教**"，在于张良能忍受老人傲慢无礼的要求，这份"**忍**"就是以老人为代表的圣贤相互提示、警戒的高贵修养。

楚庄王伐郑，郑伯肉袒牵羊以逆。庄王曰："其君能下人，必能信用其民矣。"遂舍之。勾践之困于会稽，而归臣妾于吴者，三年而不倦。且夫有报人之志，而不能下人者，是匹夫之刚也。夫老人者，以为子房才有余，而忧其度量之不足，故深折其少年刚锐之气，使之忍小忿而就大谋。何则？非有生平之素，卒然相遇于草野之间，而命以仆妾之役，油然而不怪者，此固秦皇之所不能惊，而项籍之所不能怒也。

上文提到老人之所以有意羞辱张良，是要挫折他的锐气，使他明白"**忍**"的道理。苏轼认为，"**忍**"与成大事之间有因果关系，不能"**忍**"，是无法成就伟业的。为了说明这个道理，又连举史事为例证。

"**楚庄王伐郑，郑伯肉袒牵羊以逆。庄王曰："其君能下人，必能信用其民矣。"遂舍之。勾践之困于会稽，而归臣妾于吴者，三年而不倦。**"春秋时，楚庄王征伐郑国，郑国国君袒露上身，牵羊以迎楚军。楚庄王说：郑君能委屈自己，甘为人下，必能取信于他的人民，人民势必乐为其用。于是放过了郑国。越国国君勾践被吴军困在会稽，为挽救危亡，亲自到吴国，做吴王夫差的仆役，受尽屈辱，好多年也不倦怠。这两个例子，都是忍住一时的愤怒从而保全国家的典型。所以，"**且夫有报人之志，而不能下人者，是匹夫之刚也。**"有向人报仇的志向，但不能委曲求全，这只是匹夫的刚强。"**夫老人者，以为子房才有余，而忧其度量之不足，故深折其少年刚锐之气，使之忍小忿而就大谋。何则？非有生平之素，卒然相遇于草野之间，而命以仆妾之役，油然而不怪者，此固秦皇之所不能惊，而项籍之所不能怒也。**"这位老人，认为张良才华有余，而担心他的度量不够，所以深折他少年刚强锐利的气性，使他能忍住小小的愤恨而去成就远大的谋略。为什么这样？老人和张良，素来没有交情，在荒郊野外仓猝相遇，而老人用仆妾干的活来命令张良，张良却表现得自然，毫不惊怪，这本就是秦始皇所不能惊动他、项羽所不能激怒他的原因之所在。

苏轼于此提到老人担忧张良"**度量**"不足，"**度量**"也就是本文开篇所说的豪杰之士的"**过人之节**"。何谓"**度量**"？用苏轼父亲苏洵《心术》一文的话来讲，就是：**泰山崩于前而色不变，麋鹿兴**

于左而目不瞬**。即在突发事变前能保持足够的稳定和沉静。在苏轼看来，老人有意挑衅、刺激张良，以观察张良的反应，发现张良面对平白无故的羞辱最终能够镇定下来，油然而不怪，这也就意味着，无论是秦始皇还是项羽，任何人再也无法令张良轻易惊恐、动怒。

观夫高祖之所以胜，而项籍之所以败者，在能忍与不能忍之间而已矣。项籍唯不能忍，是以百战百胜而轻用其锋；高祖忍之，养其全锋而待其弊，此子房教之也。当淮阴破齐而欲自王，高祖发怒，见于词色。由此观之，犹有刚强不忍之气，非子房其谁全之？

张良被老人考验、磨练出来的"**度量**"，究竟是不是"**过人之节**"呢？苏轼又用项羽和刘邦来做陪衬。苏轼说：观察高祖刘邦之所以胜利，项羽之所以失败，就在于能"**忍**"还是不能"**忍**"。当然，刘项之争，其间的胜负因素很多，不是能不能"**忍**"这么简单。不过这是写文章，并非考订历史，不必拘泥。项羽就因为不能忍，所以尽管百战百胜，但轻易地挥霍、滥用了他的兵锋；刘邦能忍，无论情况如何不利，也蓄养、保全兵锋，专待项羽的疲弊，而这也是张良教他的。何以见得？当初韩信率军攻略齐地，不顾刘邦的死活，先要自立为齐王，派使者向刘邦陈情。刘邦发怒，当着韩信使者的面破口大骂，幸亏张良在旁边踩刘邦的脚及时提示，刘邦会意，答应韩信之请，稳定了韩信，否则韩信可能要被项羽一方拉过去了。由此看来，刘邦都还有刚强不忍的气性，如果不是张良，谁能成全刘邦呢？

太史公疑子房以为魁梧奇伟，而其状貌乃如妇人女子，不称其志气。呜呼！此其所以为子房欤！

本来文章可以到此为止了，但苏轼笔力甚强，意不能休，又起波澜。《史记·留侯世家》中司马迁自言，张良为人魁梧奇伟，及见张良画像，样子却如漂亮女子。苏轼就此评议：太史公猜测张良应该是魁梧奇伟的大丈夫，谁知他的状貌却像小女人，与他的志向、气度不相称。而这正是张良之所以为张良的原因。因为气度宏大的人，外表柔弱，内心坚韧。张良的志气与他的状貌，恰好是一致的。

【简评】

张良遇见黄石老人得授兵书的故事在民间传布极广。《西游记》第六回中有提到过，孙悟空在东海龙宫见到"圯桥进履"的画，龙王借机进言，规劝悟空："此仙乃是黄石公，此子乃是汉世张良。石公坐在圯桥上，忽然失履于桥下，遂唤张良取来。此子即忙取来，跪献于前。如此三度，张良略无一毫倨傲怠慢之心，石公遂爱他勤谨，夜授天书，着他扶汉。后果然运筹帷幄之中，决胜千里之外。太平后，弃职归山，从赤松子游，悟成仙道。"龙王的话代表一般人的意见：是张良的勤谨赢得黄石老人的欣赏，被授天书，改变了历史的进程。

《留侯论》不落俗套，完全摆脱了世人的成见，辟出了理解这则故事的新角度。苏轼把重心放在黄石老人身上，把老人视为秦末有高深智慧的隐君子，不忍看到踔厉风发的张良走错了路，浪费凌云万丈之才，于是乎出来考验张良，故意折辱，就为了磨练张良，使张良学会忍常人所不能忍，无惊无怒，心性成熟，修养到安静、沉稳的境地，这才是成就伟业所必需的"过人之节"。苏轼的这个切入角度，既领异标新、深刻独到，又合乎情理、自当如此。苏轼看到了人的精神修养和成就事业之间不易被察觉同时又是必然的关联，借张良的传奇遭遇，予以揭示；站位高，看得透，问题抓得准，论证环环相扣，周密翔实，旁征博引，多方譬解，道理讲得圆通，实为经典范文。

第二十二讲
《前赤壁赋》
——苏轼

壬戌之秋,七月既望,苏子与客泛舟,游于赤壁之下。清风徐来,水波不兴。举酒属客,诵明月之诗,歌窈窕之章。少焉,月出于东山之上,徘徊于斗牛之间。白露横江,水光接天。纵一苇之所如,凌万顷之茫然。浩浩乎如冯虚御风,而不知其所止;飘飘乎如遗世独立,羽化而登仙。

于是饮酒乐甚,扣舷而歌之。歌曰:"桂棹兮兰桨,击空明兮溯流光。渺渺兮予怀,望美人兮天一方。"客有吹洞箫者,倚歌而和之。其声呜呜然,如怨如慕,如泣如诉,余音袅袅,不绝如缕。舞幽壑之潜蛟,泣孤舟之嫠妇。

苏子愀然,正襟危坐而问客曰:"何为其然也?"客曰:"月明星稀,乌鹊南飞,此非曹孟德之诗乎?西望夏口,东望武昌,山川相缪,郁乎苍苍,此非孟德之困于周郎者乎?方其破荆州,下江陵,顺流而东也,舳舻千里,旌旗蔽空,酾酒临江,横槊赋诗,固一世之雄也,而今安在哉?况吾与子渔樵于江渚之上,侣鱼虾而友麋鹿,驾一叶之扁舟,举匏尊以相属。寄蜉蝣于天地,渺沧海之一粟。哀吾生之须臾,羡长江之无穷。挟飞仙以遨游,抱明月而长终。知不可乎骤得，托遗响于悲风。"

苏子曰："客亦知夫水与月乎？逝者如斯，而未尝往也；盈虚者如彼，而卒莫消长也。盖将自其变者而观之，则天地曾不能以一瞬；自其不变者而观之，则物与我皆无尽也，而又何羡乎！且夫天地之间，物各有主，苟非吾之所有，虽一毫而莫取。惟江上之清风，与山间之明月，耳得之而为声，目遇之而成色，取之无禁，用之不竭，是造物者之无尽藏也，而吾与子之所共适。"

客喜而笑，洗盏更酌。肴核既尽，杯盘狼籍。相与枕藉乎舟中，不知东方之既白。

【解题】

《前赤壁赋》是苏轼在北宋神宗元丰五年（公元1082年）七月十六日夜泛舟赤壁后所作。此时是苏轼因"乌台诗案"被贬至黄州（今湖北黄冈）的第三年，这三年苏轼的心情无疑是抑郁的，超脱当然有必要，但超脱应有它哲理的基础，本文就是苏轼借赤壁之游仰观宇宙天地、俯察历史人生的思考结果。

"赋"，是古代一种文体，在汉代发展至极盛，好以铺陈扬厉的笔风渲染巍峨富丽的都市、气势煊赫的帝王游猎等宏大、壮观的景致；自魏晋以来，"赋"也与时俱变，风格由沉重凝滞转向疏放流利，更多地与抒情结合。苏轼的这篇《前赤壁赋》就是其中的最出色者。

【讲疏】

壬戌之秋，七月既望，苏子与客泛舟，游于赤壁之下。清风徐来，水波不兴。举酒属客，诵明月之诗，歌窈窕之章。少焉，月出于东山之上,徘徊于斗牛之间。白露横江,水光接天。纵一苇之所如,凌万顷之茫然。浩浩乎如冯虚御风,而不知其所止;飘飘乎如遗世独立,羽化而登仙。

"**壬戌**"(rén xū),古人以十天干、十二地支相组合的方式来纪年,壬戌正是宋神宗元丰五年。"**既望**",古人把农历每月十五日称之为"望",所以每月第十六日就是"既望"。"**明月之诗,窈窕之章**",指《诗经·陈风·月出》,它的首章是"月出皎兮,佼人僚兮,舒窈纠兮,劳心悄兮","**窈纠**"即"**窈窕**"。"**斗牛之间**",斗、牛指的是二十八星宿中的斗宿和牛宿,古人将天上的星宿与地上的方位配合,斗、牛之间对应吴越之地,吴越在黄州的东边,所以"**斗牛之间**"实指东方的天际。

本段铺陈月夜泛舟赤壁之所见。"苏子",是苏轼的自称。"客",并非另指他人,实即苏轼本人的化身。因为赋这种文体,多采用主客问答的形式,在本文中借客人来表述困惑和忧虑,而由主人来作解释和宽慰。

首句"**壬戌之秋,七月既望,苏子与客泛舟,游于赤壁之下**",交代时、地、人、事。继则"**清风徐来,水波不兴**",白描江景。"**举酒属客,诵明月之诗,歌窈窕之章**",辰良,景美,朋在,兴佳,很自然地就歌诵《诗经》中描写月色的名句。"**少焉,月出于东山之上,徘徊于斗牛之间。白露横江,水光接天**",不一会儿,月亮自东山而出,缓缓升起。"徘徊",用拟人的手法写月缓缓而生的样子,当然亦是传达作者此时此刻舒缓自如的心境。"**白露**"是江山的雾气,雾气弥漫于整个江面,月色和江水交融一体,这是个洗脱了俗气的富于诗意的梦幻天地。"**纵一苇之所如,凌万顷之茫然**","一苇"代指小舟,《诗经·卫风·河广》:"谁谓河广,一苇杭之。"放纵着小舟,任其所之,有从茫茫的江面上凌驾而起的感觉。作者有意用"**一苇**"与"**万顷**"形成对比,把人所暂托的小舟置于寥廓无极的空间中,突出人的存在特性。这个时候,"**浩浩乎如冯虚御风,而不知其所止;飘飘乎如遗世独立,羽化而登仙**",人好像浮在虚空,御风而行,有似遗世独立的神仙,不知落在何方。

于是饮酒乐甚,扣舷而歌之。歌曰:"桂棹兮兰桨,击空明兮溯流光。渺渺兮予怀,望美人兮天一方。"客有吹洞箫者,倚歌而和之。其声呜呜然,如怨如慕,如泣如诉,余音袅袅,不绝如缕。舞幽壑之潜蛟,泣孤舟之嫠妇。

于是更畅快了,一边饮酒,一边拍打着船舷,高歌起来:桂棹啊兰桨,轻轻地划破空明澄澈的江面,逆流而上,泛起流动的月光。心怀渺远啊,瞻望彼岸,它在天一方。这首歌有《楚辞》之风,"**美人**"倒不是实指一个美丽的女子,而是美好的理想、追求。同舟的客人有会吹洞箫的,依着歌声的节拍来奏和。箫声呜咽,既好像哀怨,又好像思慕,也好像在饮泣,同时好像是倾诉,余音悠长,袅袅不绝,箫声的感染力是如此之大,以至于令潜身深壑的蛟龙为之起舞,令独处孤舟的寡妇为之泪下。

本段的情绪陡然一转。兴尽而悲至,乐极则哀来,这似是人类情感的共同逻辑。汉武帝的《秋风辞》"泛楼船兮济汾河,横中流兮扬素波。箫鼓鸣兮发棹歌,欢乐极兮哀情多",就是如此。为强化这种欢乐过后的哀感,苏轼连用几个比喻细致地剖开悲哀的丰富层次——怨、慕、泣、诉,进一步又夸张它能引发广泛的共鸣——

既使沉潜的蛟龙起舞,又使漂泊的寡妇哭泣,这样写是要传达该悲哀具有囊括品物的普遍性。

苏子愀然,正襟危坐而问客曰:"何为其然也?"客曰:"月明星稀,乌鹊南飞,此非曹孟德之诗乎?西望夏口,东望武昌,山川相缪,郁乎苍苍,此非孟德之困于周郎者乎?方其破荆州,下江陵,顺流而东也,舳舻千里,旌旗蔽空,酾酒临江,横槊赋诗,固一世之雄也,而今安在哉?况吾与子渔樵于江渚之上,侣鱼虾而友麋鹿,驾一叶之扁舟,举匏尊以相属。寄蜉蝣于天地,渺沧海之一粟。哀吾生之须臾,羡长江之无穷。挟飞仙以遨游,抱明月而长终。知不可乎骤得,托遗响于悲风。"

所以"苏子"不禁就"愀然"了,"愀(qiǎo)然",脸色改变。**"正襟危坐"**,整理衣襟,严肃端坐。这与方才的纵饮高歌的放达完全不同了,问**"客人"**为什么如此悲哀。客人说,此时**"月明星稀,乌鹊南飞"**,联想到了曹操的《短歌行》;此地西望是夏口,东望是武昌,山川缭绕,郁郁苍苍,正是当年曹操被周瑜所败的赤壁战场故地。那个时候,曹操攻破了荆州,夺下了江陵,顺江东进,战舰首尾相连有千里之广,战旗都遮蔽了天空,他临江斟酒,横执长矛,高吟诗歌,其抱负、声势、气概,确实是一代的英雄,可如今又在哪里?**"舳舻"**(zhú lú),指战船。**"酾(shī)酒"**,本指滤酒,这里指斟酒。**"横槊"**(shuò):横执长矛;**"槊"**,是长矛。

"客人"睹景怀古,想起了赤壁之战时的曹操。这几句话一气直下,极力铺陈、渲染曹操当时兵势之盛大、气概之宏伟、姿态之风流,推至顶峰,然后突然反跌,伤悼如此英雄,却已经消失在历史中。当然,"客人"并不是纯粹伤悼曹操个人,而是说,无论是如何不可一世的英雄人物,在宏大的历史面前,都是渺小的,只是历史长河泛起的浪花,终会落下,归于虚无。

连曹操这样的千古风流人物,也要被雨打风吹去,何况是芸芸众生!于是很自然地联系到他自己身上:"**况吾与子渔樵于江渚之上,侣鱼虾而友麋鹿,驾一叶之扁舟,举匏尊以相属。寄蜉蝣于天地,渺沧海之一粟。哀吾生之须臾,羡长江之无穷。挟飞仙以遨游,抱明月而长终。知不可乎骤得,托遗响于悲风。**""**匏尊**"(páozūn),用葫芦做成的酒具;"**匏**",葫芦;"**尊**",即樽,酒器。"**蜉蝣**"(fúyóu),一种昆虫,最短仅一天的寿命。"客人"说:渔樵江渚,侣鱼友鹿,泛舟水上,举杯相邀,快意自在,实际上好比蜉蝣之于天地,好比粟米之于沧海,太微不足道了。人的生命实在有限,这足够神伤的了,所以长江的不尽才令人羡慕。想要携手神仙,遨游天上,拥抱明月,长存于世。但又知道这些仅仅是遐想,不可能实现,只好把这份哀愁诉之于箫声,让它飘散在悲风中。这几句话写得既潇洒飞扬,又凝重深沉。苏轼是借"**客人**"之口,把他的根本困惑表达出来,即人之存在的有限和渺小。"**寄蜉蝣于天地**",是从无穷无尽的时间着眼来衡量人的有限;"**渺沧海之一粟**",是从无边无际的空间着眼来审视人的渺小。"**天地**"和"**沧海**"是苏轼所构建的精神上的绝对坐标,用来定义人的位置;别说普通大众,就是曹操这样叱咤风云的英雄,放在绝对无垠的时空中,其结局同样是"**而今安在哉**"!体会到这一点,就只好把悲愁寄托在呜咽的箫声里。

难道人只能"**哀吾生之须臾**",沉浸在这样的伤感中不能超拔出来吗?或者"**羡长江之无穷**",心态失衡,去羡慕身外之物吗?苏轼要从精神上寻求一个解脱的路径。

苏子曰："客亦知夫水与月乎？逝者如斯，而未尝往也；盈虚者如彼，而卒莫消长也。盖将自其变者而观之，则天地曾不能以一瞬；自其不变者而观之，则物与我皆无尽也，而又何羡乎！且夫天地之间，物各有主，苟非吾之所有，虽一毫而莫取。惟江上之清风，与山间之明月，耳得之而为声，目遇之而成色，取之无禁，用之不竭，是造物者之无尽藏也，而吾与子之所共适。"

本段是全文的主旨所在，通过"**苏子**"之口来阐发哲理，以解决"**客人**"所遭遇的人皆有之的根本烦恼。

本段按其思路可分为三层。

第一层，"苏子"用水和月这两个物事打比方。"**逝者如斯，而未尝往也**"，"逝者如斯"典出《论语》"**子在川上曰：逝者如斯夫，不舍昼夜**"，是孔子对时光流逝的感慨。时间的流逝犹如滔滔江水，但江水就是江水，从来未曾真正流逝过。"**盈虚者如彼，而卒莫消长也**"，人生时而盈满时而亏缺就像月亮，但月亮就是月亮，从来没有增减过。这是说，水和月，有双重特性：看似在流动其实从未消逝，看似有盈虚其实从无圆缺；在变化的背后是恒常不变。

第二层，由水和月的这双重特性，引出观察和处理人事的两种态度——"**盖将自其变者而观之，则天地曾不能以一瞬；自其不变者而观之，则物与我皆无尽也，而又何羡乎！**"如果从"变"的一面来看，万物无不在变动，即使是天地也不能定格于一瞬间；而要是从"不变"的一面来看，万物都是不变的，那么无论是宇宙天地还是我们自己，都是无尽的,又有什么好去"羡"的呢？前面"**客人**"感慨"**哀吾生之须臾，羡长江之无穷**"，换一种角度：我们自己的生命绝非"须臾",我们和长江其实都可以"无穷"。

"苏子"把人生的诸多困惑和苦恼,归结为一个认识层面的问题。他要通过改变认识的立场来调适心情;就是说,观念变了,心态也将随之而变。如果只能认识到事物都是变动不居的,那么不可避免地会去"羡",短命的会羡慕长寿的,如此类推,穷的会羡慕富的,少的会羡慕多的,不足的会羡慕有余的……总之,这种"羡"就永远也停不下来,人生的苦恼也永远摆脱不了。而如果能转变观念,认识到事物的变动不居其实是表象,本质上是不变的,真正懂得每种事物自身皆是圆满的,便可循此路径去获得满足,自得其乐。于是就有了"苏子"最后要得出的具体的人生态度:欣赏而不必羡慕,受用而不必拥有。

第三层,认识模式最终要转化为可行的步骤。"**且夫天地之间,物各有主,苟非吾之所有,虽一毫而莫取。惟江上之清风,与山间之明月,耳得之而为声,目遇之而成色,取之无禁,用之不竭,是造物者之无尽藏也,而吾与子之所共适。**"况且,天地之间,万物都有各自的归宿和主宰。如果不归我所有,就连一丝一毫这样微不足道的东西也不要。言外之意,如果抱着强占的心理预期,非要拥有不可,而事物均是变动的,占得了吗?据得住吗?即使暂时占据,不免去"羡",又陷入了坏的无限之中;相反,倘若抱以欣赏的态度,像江上的清风与山间的明月,听进耳中便成美妙的声音,收入眼里便为斑斓的色彩,取也不受限,用也用不完。这就可以看成是造物主与人的无尽宝藏,是我们自己可以共同享用的。

客喜而笑,洗盏更酌。肴核既尽,杯盘狼籍。相与枕藉乎舟中,不知东方之既白。

"苏子"把精神解脱的哲理讲透，客人的思想疏通了，于是精神为之一振：转悲为喜，洗好酒杯，重新斟酒。菜肴、果品吃尽，杯盘一片杂乱。相互枕着躺在船上，不知道东方已然泛白。

这一段是描写心理压力被释放后的彻底放松以及自如之态。

【简评】

本文是苏轼传颂千古的名作，写得空灵，飞扬，洒脱，旷达。

《前赤壁赋》采用传统的主客问答体，先写赤壁之游，描绘了一个如梦似幻、剔透玲珑、廓尽尘垢的清雅世界，令人心旷神怡，飘然欲仙。这是人生的至乐之境。但，这乐却不具备稳定性，乐至极，悲乃生。苏轼内心中的这种虚无感转借客人的口表达出来，感叹文采风流且英雄盖世的曹操也被历史的大浪所淘尽，在宏大的宇宙的对照下，人尽显渺小与卑微；天地无穷无尽，人只在须臾之间。一旦觉察到人的这种宿命，悲哀就不可避免。

可见苏轼思考的不是个人的沉浮悲欢等具体遭遇，而是人的存在意义。就像王国维词所云：试上高峰窥皓月，偶开天眼觑红尘，可怜身是眼中人。苏轼在赤壁之游中尽管体验到超然世外的至乐，却又无法摆脱人在红尘的命运，这是苏轼内心中的矛盾——"天人交战"——的表现。如何调和"天人"使之"合一"呢？

苏轼提供了一条自我宽慰之路。原来世人陷入认识的误区。苏轼以水和月作譬，两个物事，存在如佛教真俗二谛式的观察。俗谛是，水不断流逝，月有圆有缺，没有任何物事不是变动不居的；真谛则是，水还是那水，月终究是那月，水从未流逝，月没有消长。任何物事皆如水与月般，都是不变、自足的。如果认识达到后者的层次，就知道凡物皆有可观，如果欣赏它的可观，就有可乐，即使是江山的清风与山间的明月，都有动人美妙之处。人自己不也是如此吗？立足于自己的可观、可乐，何必艳羡长江的无穷，自生无谓的烦累！

以精神的超脱去化解悲哀，以俯拾即是的审美观照去填充虚无，是苏轼给自己找到的活法，也是苏轼给世人的示范。

第二十三讲
《方山子传》
——苏轼

方山子,光、黄间隐人也。少时慕朱家、郭解为人,闾里之侠皆宗之。稍壮,折节读书,欲以此驰骋当世,然终不遇。晚乃遁于光、黄间,曰岐亭。庵居蔬食,不与世相闻。弃车马,毁冠服,徒步往来山中,人莫识也。见其所著帽,方屋而高,曰:"此岂古方山冠之遗像乎?"因谓之方山子。

余谪居于黄,过岐亭,适见焉。曰:"呜呼!此吾故人陈慥季常也。何为而在此?"方山子亦矍然,问余所以至此者。余告之故。俯而不答,仰而笑,呼余宿其家。环堵萧然,而妻子奴婢皆有自得之意。

余既耸然异之,独念方山子少时,使酒好剑,用财如粪土。前十有九年,余在岐山,见方山子从两骑,挟二矢,游西山。鹊起于前,使骑逐而射之,不获。方山子怒马独出,一发得之。因与余马上论用兵及古今成败,自谓一世豪士。今几日耳,精悍之色犹见于眉间,而岂山中之人哉?

然方山子世有勋阀,当得官,使从事于其间,今已显闻。而其家在洛阳,园宅壮丽与公侯等。河北有田,岁得帛千匹,亦足以富乐。皆弃不取,独来穷山中,此岂无得而然哉?余闻光、黄间多异人,往往阳狂垢污,不可得而见。方山子傥见之欤?

【解题】

　　本文是苏轼为他的朋友陈慥(字季常)所作的一篇个人小传。当时苏轼因"乌台诗案"贬谪黄州,而陈慥也隐居于此。苏轼与陈慥本是老相识,今者重逢于黄州,一个是被安置的宦途失意者,一个是避世的隐君子,自然有更多的感慨了。苏轼为老朋友作这篇传记,不题《陈慥传》,而作《方山子传》,其中别有意趣。

【讲疏】

　　方山子,光、黄间隐人也。少时慕朱家、郭解为人,闾里之侠皆宗之。稍壮,折节读书,欲以此驰骋当世,然终不遇。晚乃遁于光、黄间,曰岐亭。庵居蔬食,不与世相闻。弃车马,毁冠服,徒步往来山中,人莫识也。见其所著帽,方屋而高,曰:"此岂古方山冠之遗象乎?"因谓之方山子。

　　方山子,是光州、黄州间的隐士。光、黄两州,是北宋的行政区,治所分别在今天的河南潢川以及湖北黄冈。方山子这个人,少年时代仰慕朱家和郭解的为人。朱家和郭解,是西汉著名的大侠。这两人都仗义,能急人之急。少年时代的方山子既然以朱家和郭解为楷模,可想而知他立身处世的取向。所以,"**闾里之侠皆宗之**",当地的侠士们都宗奉方山子。这句话是说,方山子在当地侠士圈子中创立了名头,成为众所仰望的人物。虽然苏轼没多写,但可以想到,一般侠士本就急公好义,方山子既能受到当地侠士的一致推崇,他必有过人之处，他的豪迈、他的慷慨、他的义气、他的风采，定是不凡。

"**稍壮，折节读书，欲以此驰骋当世，然终不遇。**"年纪稍大后，大改从前所为，而好读书，想要凭借才学而有所作为，扬名当世，然而终于没遇上好机会。"**折节**"，指改变平时的作风、取向。前面我们在讲东汉马援的《诫兄子严敦书》的时候曾提到过，侠士的行事风格对血气方刚的世家子弟很有吸引力，这里陈慥又是一例。陈慥是世家子，他父亲陈希亮乃北宋名臣。陈慥出身优越，少年时代慕义好侠，过一种快意恩仇、笑傲江湖的生活，是很自然的事。这或许也是他们这类出身者在放荡不羁的少时的一种特权吧。等到快成年了，由于社会力量的引导和制约，一般他们多会自动改变心性，走向正途，回归主流；"**折节读书**"就是他们收心转性的标识，因为只有这样走，家族的地位和荣耀才得以延续，而个人的价值也才得以真正实现。北宋是科举制度逐步定型的时代，通过发奋读书，应试中举，步入仕途，施展抱负，做出政绩，逐次升迁，向顶层靠拢，是人变泰、发达的最主要的路径。这就是"**欲以此驰骋当世**"这句话所包涵的历史意义，不是陈慥个人独特的选择，是当时的社会条件所规定的。但仕途从来都是拥挤不堪的，更重要的是，做官相对来说比较容易，做点事却很难，所以"**驰骋当世**"仅仅是浪漫的遐想，"**终不遇**"才是现实的常态，这又非独陈慥为然。

陈慥显然很高傲，既然"**终不遇**"，就不屑于在官场厮混，所以"**晚乃遁于光、黄间，曰岐亭**"。晚年于是隐遁在光州、黄州间一个叫岐亭的地方。他的处世方式是"**庵居蔬食，不与世相闻。弃车马，毁冠服，徒步往来山中，人莫识也**"。住草屋，吃素食，不与世人来往。放弃车马等便利的交通工具不用，毁掉士人的冠带、衣服，徒步行走于山间，没人认识他。"**庵居蔬食**"是说陈慥能安贫乐道，"**弃车马，毁冠服**"是说陈慥不求豪奢的做派，也不愿再以士人的身份与外界作风雅和对等的交往。"**徒步往来山中，人莫识也**"，是说陈慥不求为人所知，甘于寂寂无闻。我们要知道，对一个自视很高的人来说，最难容忍的就是被人无视，他们习惯于说"你还不知道我是谁呢"，以此来强调他们存在的特殊性。而陈慥呢，按苏轼的描述，显然已经超越了这种心态，他不再追求个人的存在感。既然如此，名字对陈慥来说，也就失去了意义。

"**见其所著帽，方屋而高，曰：'此岂古方山冠之遗像乎？'因谓之方山子。**"世人见陈慥所戴的帽子，顶部方正而且高耸，都说："这难道不是古代隐士们所戴的方山冠的遗制吗？"由此就称他为"**方山子**"。"**方屋**"，方顶，古人把帽顶突起的部分叫"**屋**"。"**方山冠**"，唐宋时隐士们常戴的一种帽子。世人眼里的陈慥，行为怪异，着装复古，不知他姓甚名谁，所以就地取材，用他戴的方山冠来为他起个诨名，叫他"**方山子**"。

本段简要勾勒了陈慥的生平。他一生可分为三个阶段：少年豪侠，其后读书欲有所作为，晚年归隐，人生经历可谓丰富。一般传记写到这里，足可结束了，因为传主的一生已大致写出。但对苏轼来说，这才刚开始。其实就在这段叙述中，已经埋伏了悬念。陈慥少时为侠，侠是有血性的；其后折节读书，想要驰骋当世，这是他的豪气。一个既有血性又有豪气的人，怎么选择做与世隔绝、淡泊宁静的隐士呢？

余谪居于黄，过岐亭，适见焉。曰："呜呼！此吾故人陈慥季常也。何为而在此？"方山子亦矍然，问余所以至此者。余告之故。俯而不答,仰而笑,呼余宿其家。环堵萧然,而妻子奴婢皆有自得之意。

本段写苏轼与陈慥的交情,并通过亲身观察进一步写陈慥的为人。

苏轼说:我因贬谪住在黄州,经过岐亭,正好遇到其人。"**适**",正好。由此感叹:唉!这是我的故交陈慥季常呀。为什么竟在这里呢?"**何为而在此**",有震惊之意。方山子也很吃惊,"**矍然**",形容惊视的样子。多年好友,居然在个陌生地方意外重逢,惊奇之状,溢于言表,自然免不了要相互询问情况。方山子问苏轼所以到这个地方的原因,在得知情况后,方山子的表现是怎样的呢?"**俯而不答,仰而笑。**"先是低头不接茬,继而仰头大笑。这七个字极为传神:低头不答话,显然是同情、悲悯好友的遭遇,但无话可说——因为无论是宽慰也好,愤慨也好,这个时候都不合适,而且也说不完,还不如不说;仰头大笑,是表示事已至此,莫可挽回,索性一笑置之。笑,是对荒谬、不公的世道的蔑视、嘲弄。七个字写尽了方山子的洒脱。于是"**呼余宿其家**",招呼苏轼住到他家里去。他乡遇故知,当然要邀请去家里一聚的。

"**环堵萧然,而妻子奴婢皆有自得之意。**"陈慥家四壁萧条,但是他的妻子儿女以及奴婢们,个个流露出自得的神情。"**环堵萧然**",形容家居条件的简陋贫困。奇怪的是,陈慥一家老小,从上至下,个个自得其乐。这说明,陈慥一家认同和享受当前的生活条件、状态以及方式。这是通过身边人的态度来衬托陈慥的德行。因为,一个人独自选择过安贫乐道的生活相对容易,而要令整个家庭都随着他,同样耐得住清贫和寂寞,却是件很难的事;现在陈慥家包括奴婢在内,都有自得之意,并不觉得清苦,可见他家上下的志趣高度重合，那么作为一家之主的陈慥治家可以说是有方的。显然，如果陈慥没有高尚德行不足以如此。

余既耸然异之，独念方山子少时，使酒好剑，用财如粪土。前十有九年，余在岐山，见方山子从两骑，挟二矢，游西山。鹊起于前，使骑逐而射之，不获。方山子怒马独出，一发得之。因与余马上论用兵及古今成败，自谓一世豪士。今几日耳，精悍之色犹见于眉间，而岂山中之人哉？

苏轼了解陈慥的过去，又实地接触到他的现状，两者反差如此之大，不禁"**耸然异之**"。他觉得陈慥哪些方面可"**异**"呢？苏轼先是回忆了陈慥的过去生活中的两个典型片段。

第一个描写得较为简单："**独念方山子少时，使酒好剑，用财如粪土。**"陈慥少年当大侠的时候，好喝酒，好用剑。酒和剑，这两个物事乃侠士们的标准装备。酒象征着侠士的豪情，剑象征着侠士的仗义；另有一点，是慷慨大方，挥金如土，毫不吝惜。这九个字言简意赅，画龙点睛，几乎括尽了千古侠士的风神。

第二个片段则描写得细致多了："**前十有九年，余在岐山**"，说的是十九年前与陈慥结识于凤翔。当时是北宋仁宗嘉祐七年，苏轼任凤翔签判，而陈慥的父亲陈希亮任凤翔知府，苏轼就是在这个时候与陈慥相识并定交的。"岐山"，指凤翔。"**见方山子从两骑，挟二矢，游西山。鹊起于前，使骑逐而射之，不获。方山子怒马独出，一发得之。**"看到有两个随从骑马跟着陈慥，身上挟带两箭，在西山游猎。有只鹊在前方飞起，陈慥先令随从追逐射鹊，未能射中。陈慥于是纵马而出，仅发一箭即射中。这是苏轼亲眼所见，画面极富动感。苏轼用了一连串的动词——"从"、"挟"、"游"、"起"、"逐"、"怒"、"发"等,把陈慥的英武、果锐写得很生动。"**因与余马上论用兵及古今成败,自谓一世豪士。**"这是说陈慥意犹未尽,就着这个机会与苏轼在马上纵论用兵打仗之道以及历史上的成败之事,陈慥自己评价自己是一代豪杰。这句话把陈慥的自负、豪迈以及期待有所作为的神情、心态鲜活地刻画出来。"马上论用兵及古今成败",照应了首段所说的"折节读书",陈慥并非读死书的人,他有关怀,对历史上的成败兴衰以及用兵打仗的韬略有兴趣,有研究;当时北宋有西北和东北两个战略方向的边患,所以对国事上心的青年们多好研究兵法,这说明青壮年时代的陈慥是有积极用世之志的,就是"欲以驰骋当世"。"自谓一世豪士",说的是陈慥的自我期许,他没有把自己想象成碌碌无为的庸人。

　　以上苏轼回忆了最能表现早年陈慥性格的典型事件,如今托身为"方山子"的陈慥是否性情有变呢?"**今几日耳,精悍之色犹见于眉间,而岂山中之人哉?**"现在才几天,精锐强悍的神色犹然表露在他的眉间,陈慥难道是甘居山中的隐士吗?这句话非常漂亮,抓住了陈慥恬淡背后的若隐若现的精悍的生命本质,而这才是陈慥的秉性、精神的底色,是岁月怎么也磨洗不了的。即使陈慥隐居确实陶然自得,但苏轼还是不相信他内心真的如此恬淡!鲁迅有篇小说《在酒楼上》,描写了一个叫吕纬甫的知识分子,颓唐消沉,可是偶尔吕纬甫也会展现他的本色,小说假借"我"的眼睛作出观察:"细看他相貌,也还是乱蓬蓬的须发;苍白的长方脸,然而衰瘦了。精神很沉静,或者却是颓唐,又浓又黑的眉毛底下的眼睛也失了精采,但当他缓缓四顾的时候,却对废园忽地闪出我在学校时代常常看见的射人的光来。"鲁迅笔下吕纬甫的"射人的光"正是苏轼从陈慥眉间看到的"精悍之色"。所以，在苏轼看来，陈慥性情并无本质性变化，他炽热依然，豪情犹在，不过收敛起来，凝练于心，更加深沉，只是不轻易流露而已。

然方山子世有勋阀，当得官，使从事于其间，今已显闻。而其家在洛阳，园宅壮丽与公侯等。河北有田，岁得帛千匹，亦足以富乐。皆弃不取，独来穷山中，此岂无得而然哉？

本段转写陈慥的家世，以陈慥所拥有的优越条件来突出他迥乎常人的人生选择。苏轼说：陈慥家世显赫，凭他的出身应可得到官位的，假如他奔竞于仕途，早已是达官显宦了。而且陈家在繁华的洛阳，宅邸庭园的宏伟精美程度可与公侯之家相比；他家在河北还有良田，每年收入有帛千匹之多，也足以令陈慥生活富庶、安乐。也就是说，无论是做官还是做富家翁，对陈慥而言，都是唾手可得的事，但"**皆弃不取，独来穷山中，此岂无得而然哉**"。陈慥对这些普通人所艳羡的东西全都弃之不顾，偏要来这穷山中，这难道不是他确实有所得才这样做的吗？苏轼的意思是：陈慥完全可以坐拥功名富贵，但他志不在此，既然抱负无从实现，也放得下，隐居穷山中，安然于清贫和寂寞中。

余闻光、黄间多异人，往往阳狂垢污，不可得而见。方山子倘见之欤？

苏轼又接着说：听说光州、黄州一带有许多异人，他们往往以蓬头垢面自污，有意癫狂，却没机会得见，陈慥或许见到过他们吧？

言外之意，作为方山子的陈慥和光、黄间的众多佯狂自污的隐士是同一类人，陈慥其实也是"**阳狂自污**"。"**阳狂**"，即"佯狂"，假装疯癫的意思。

【简评】

就人物传记来说，唯有写出传主特异之处，这传才有价值。苏轼在文中也提到，对于方山子其人其行，他是"耸然异之"，异在何处呢？异在方山子独特的人生选择，方山子是最没有可能做隐士的，偏偏他甘于淡泊，归隐穷山，不求人知，自得其乐；而且他还不是一人归隐，妻子奴婢一大家子追随他，同他的心态一致。

之所以说方山子最无可能归隐，苏轼有充分的理据。论性格为人，方山子少年行侠，使酒好剑，粪土钱财，是慷慨豪迈一流的人物，与通常隐士的恬淡好静迥然有异；论理想志向，方山子在盛年折节读书，深谙历史和兵法，有用世之意，是要建功立业、报效国家，与通常隐士的超然事外差别很大；论出身家境，方山子累代勋阀出身，家财丰厚，无论是做官，还是享福，都唾手可得，与通常隐士的清贫孤寂完全不同道。从性格，从志向，从家境，方山子都不没有理由揖别人境，隐遁山林。

究竟是什么原因使得方山子甘愿改变性子，放下志向，轻弃豪富的生活？难道这一切均不值得留恋么？苏轼隐隐约约于文中透露了消息：苏轼说方山子"终不遇，晚乃遁于光、黄间"，原来"不遇"是主因。一般人怀才不遇，会愤世，或者玩世，方山子显然没有。他是因这个际遇而更深刻地体会到了人世的不足恋，这也表现在岐亭与苏轼的重逢之中。当苏轼向方山子讲述所以至此的缘故，方山子"俯而不答，仰而笑"，这个动作、情态很能指示方山子的内心世界。"俯而不答",是对苏轼的遭遇感同身受,对世间的荒谬默然无语。"仰而笑",同陶渊明《归去来兮辞》中所言"世既与我相违,复驾言兮焉求",苏轼亦作于黄州的《临江仙》词所云"小舟从此逝,江海寄余生",其心境是一样的。

文章结尾提到在光州和黄州,有类似于方山子的隐士群体。这就很晓然了,苏轼是以方山子为典型来剖析一种带有共性的生存抉择、态度和方式:既非对抗,也非委顺社会,而是超然。

第二十四讲
《书〈洛阳名园记〉后》
——李格非

洛阳处天下之中，挟崤渑之阻，当秦陇之襟喉，而赵魏之走集，盖四方必争之地也。天下当无事则已，有事则洛阳先受兵。予故尝曰："洛阳之盛衰，天下治乱之候也。"

方唐贞观、开元之间，公卿贵戚开馆列第于东都者，号千有余邸。及其乱离，继以五季之酷，其池塘竹树，兵车蹂践，废而为丘墟。高亭大榭，烟火焚燎，化而为灰烬，与唐共灭而俱亡者，无余处矣。予故尝曰："园圃之废兴，洛阳盛衰之候也。"

且天下之治乱，候于洛阳之盛衰而知；洛阳之盛衰，候于园圃之废兴而得。则《名园记》之作，予岂徒然哉？

呜呼！士大夫方进于朝，放乎一己之私意以自为，而忘天下之治忽，欲退享此乐，得乎？唐之末路是已。

【解题】

李格非是北宋文人，李清照之父，著有《洛阳名园记》一书，记载了洛阳达官富人的十九处园林。本文为该书的后记，阐述了著书的目的，把园林的兴废和天下的治乱联系起来，以此告诫北宋的统治精英们居安思危。

【讲疏】

洛阳处天下之中，挟崤渑之阻，当秦陇之襟喉，而赵魏之走集，盖四方必争之地也。天下当无事则已，有事则洛阳先受兵。予故尝曰："洛阳之盛衰，天下治乱之候也。"

本段先从洛阳的地理环境说起。"**洛阳处天下之中，挟崤渑之阻，当秦陇之襟喉，而赵魏之走集，盖四方必争之地也。**""**崤**"，是殽山，处函谷关之东，地势险要，在今天河南洛宁。"**渑**"（miǎn），即渑池。"**秦陇**"，指陕西、甘肃一带。"**襟喉**"，衣襟和咽喉，比喻要害地带。"**赵魏**"，囊括今天山西、河北、河南大部分地区。"**走集**"，边境要塞。洛阳处在天下的正中，挟崤山、渑池的险阻，把着秦、陇的咽喉，是赵、魏的要塞，乃四方必争之地。"**天下当无事则已，有事则洛阳先受兵。**"当天下太平的时候也就算了，一旦有事，那么洛阳必先承受兵难。李格非这句话有悠久的历史作为依托，绝非虚言。洛阳自东周直到五代，共有九个政权在此建都，洛阳的多灾多难可想而知。所以说，洛阳的盛衰就是天下治乱的征兆。

方唐贞观、开元之间，公卿贵戚开馆列第于东都者，号千有余邸。及其乱离，继以五季之酷，其池塘竹树，兵车蹂践，废而为丘墟。高亭大榭，烟火焚燎，化而为灰烬，与唐共灭而俱亡者，无余处矣。予故尝曰："园圃之废兴，洛阳盛衰之候也。"

唐代首都是长安，洛阳在许多时候作为陪都，因其在长安之东，所以称"东都"。"**方唐贞观、开元之间,公卿贵戚开馆列第于东都者,号千有余邸。**"在唐代贞观、开元的盛世间,当时公卿贵戚在洛阳开建别馆、营造府第的,号称有一千多家。这是以唐代为例:当唐极盛时,洛阳园林亦极富。"**及其乱离,继以五季之酷,其池塘竹树,兵车蹂践,废而为丘墟。高亭大榭,烟火焚燎,化而为灰烬,与唐共灭而俱亡者,无余处矣。**"等到唐末大乱,紧接着五代的酷烈,王公贵人们庭园的池塘、竹林、树木,被兵车蹂躏、践踏,沦为废墟。那些高亭阔台,被战火焚烧,化为灰烬,与大唐帝国一道消亡,没有孑遗。这是说,当唐衰败,洛阳惨遭兵火,园林势难独存。所以说,园林的兴废是洛阳盛衰的征兆。

且天下之治乱,候于洛阳之盛衰而知;洛阳之盛衰,候于园圃之废兴而得。则《名园记》之作,予岂徒然哉?

这段作一小结:天下的治乱,从洛阳的盛衰可以看出。洛阳的盛衰,从园林的兴废可以看出。合乎逻辑的结论是,园林的兴废反映天下的治乱。那么《洛阳名园记》这本书,就不是白费笔墨了。

李格非在此指出他所著的《洛阳名园记》一书意义重大,乃有的放矢,能见微知著,因为园林的命运实对应着国运。

呜呼!士大夫方进于朝,放乎一己之私意以自为,而忘天下之治忽,欲退享此乐,得乎?唐之末路是已。

道古是为了说今。有鉴于此,不禁感慨,李格非告诫当代的衮衮诸公:士大夫正被朝廷进用,如果放纵个人的私欲,为所欲为,而忘记天下的治乱，即使身退，想要享受园林之乐，也办不到。唐代的穷途末路，就是个活生生的例子。

【简评】

　　天下兴亡是个大题目，穷篇累牍也不一定能说得清楚，即使讲清楚了，也不一定能让读者颔首称道。本文作者李格非擅长为文，回避了从正面分析天下的治乱，而能"小题大做"，以一滴水来见沧海，通过洛阳名园的兴废这个细微的角度，进入天下治乱的宏大话题。

　　为了增强这个切入角度的可信度，作者以洛阳为中介。在开篇便大谈洛阳作为"天下之中"的无与伦比的战略位置，这是要说明天下的治乱集中表现在洛阳一城的盛衰上。洛阳既然是一个朝代的心脏地带，掌握国家命运的达官贵人自然云集于此，他们是这座城市的主宰，而最能象征其赫赫权势的，莫过于他们辛苦经营的府邸林园。所以，洛阳盛，则林园壮丽；洛阳衰，则府邸残破。没有比园林更适合作洛阳盛衰的见证。就像北京的圆明园，不仅见证了一座城市的兴败，同时也见证了一个古老帝国的兴盛和衰落。由此，从洛阳名园的兴废来观察天下的治乱便显得有理有据。

　　作者并非徒然感叹历史，他有鲜明的现实指向。他总结历史的教训，是借此告诫在洛阳坐拥园林之美的当代权贵们，居安思危，不要忘记所肩负的天下治乱的责任，否则不但不能享受赏玩之乐，亦将坠入历史的窠臼，成为后人再度汲取教训的反面材料。

图书在版编目(CIP)数据

古文课:《古文观止》选讲/肖能著.—上海:复旦大学出版社,2018.10
ISBN 978-7-309-13951-8

Ⅰ.①古… Ⅱ.①肖… Ⅲ.①古典散文-散文集-中国②《古文观止》-注释③《古文观止》-译文 Ⅳ.①H194.1

中国版本图书馆 CIP 数据核字(2018)第 220509 号

古文课:《古文观止》选讲
肖　能　著
责任编辑/宋文涛
复旦大学出版社有限公司出版发行
上海市国权路 579 号　邮编:200433
网址:fupnet@fudanpress.com　http://www.fudanpress.com
门市零售:86-21-65642857　团体订购:86-21-65118853
外埠邮购:86-21-65109143　出版部电话:86-21-65642845
崇明裕安印刷厂

开本 890×1240　1/32　印张 6.25　字数 137 千
2018 年 10 月第 1 版第 1 次印刷

ISBN 978-7-309-13951-8/H·2867
定价:32.00 元

如有印装质量问题,请向复旦大学出版社有限公司出版部调换。
版权所有　　侵权必究